왕초보 포켓
영어회화사전

왕초보 포켓
영어회화사전

초판 1쇄 인쇄 | 2013년 12월 20일
초판 1쇄 발행 | 2013년 12월 25일
편저자 | JB 어학연구소
발행처 | 도서출판 새희망
발행인 | 조병훈
등록번호 | 제38-2003-00076호
주소 | 서울시 강북구 인수봉로41길 19-1
전화 | 02-923-6718 **팩스** | 02-923-6719
전자우편 | jobooks@hanmail.net
ISBN 978-89-90811-51-6 10740

■ 정가는 뒤표지에 있습니다.

왕초보 포켓 영어 회화사전

JB 어학연구소 편저

새희망

머리말

어느 대학에서 한국에 거주하는 외국인들에게 한국 사람과 의사소통이 잘 안 되는 이유를 물어보았더니 잘못된 발음이나 문장 표현법을 제치고 의외로 한국 사람들이 목소리가 작아서라는 답변이 제일 많았습니다. 여기서 목소리가 작다는 말의 의미는 영어에 자신이 없어서 외국인과 대화를 잘 안 하려고 하거나 하더라도 너무 작게 말하여 잘 안 들리는 것을 말한다고 합니다.

왜 우리는 그렇게 많은 시간과 노력을 영어에 투자하면서도 자신감이 없어 입이 떨어지지 않을까요? 그것은 정작 일상생활에 필요한 기초적인 의사소통은 못하면서 영어에 대한 지식만 잔뜩 쌓아 가고 있기 때문일 겁니다. 그래서 이 책은 기초적인 의사소통에 중점을 두어 자신감 있게 영어로 말할 수 있도록 다음과 같은 내용으로 구성되어 있습니다.

이럴 때에는 영어로 뭐라고 하지? 한 번에 찾아 바로 해결!

일상생활에서 자주 접하는 상황을 빠짐없이 정리하고 이에 필요한 살아 있는 회화 문장을 실었습니다. 또한 목차와 순서가 가장 일반적 상황에서부터 구체적인 상황으로 구성되어 있어 누구나 쉽게 찾아볼 수 있습니다.

누구나 쉽게 읽을 수 있는 한글 발음!

각 영어 표현마다 최대한 원어민의 발음과 가깝게 우리말로 발음을 달아 놓아서 초보자도 쉽게 읽을 수 있게 하였습니다.

머리말

한글 발음에 악센트를 표시하여 리듬감 있게 영어를 말할 수 있다!

한글 발음에 악센트를 표시하여 초보자도 리듬감 있게 영어를 말할 수 있도록 하였습니다. 한글 발음으로 공부하지 않는 분들도 악센트를 주의 깊게 보시면 많은 도움이 될 것입니다.

생생한 보충 설명과 생활 영단어 정리!

영어 표현 밑에 유사 표현과 단어, 보충 설명 등을 달아 놓아 보다 효과적으로 영어 공부를 할 수 있게 하였습니다. 그리고 각 장의 끝에는 일상생활에서 알아 두어야 할 단어들을 따로 정리하여 독자들이 실생활에 응용할 수 있게 하였습니다.

아무쪼록 이 책이 실제 의사 소통에 도움이 되는 책으로 기억되길 바라며 또한 여러분의 영어회화 실력 향상에 조그마한 보탬이라도 되었으면 하는 바람입니다.

1. 인사와 소개

PART 1. 인사
- 01. 일반적인 인사 표현 _ 20
- 02. 다양한 인사 표현 _ 21
- 03. 인사에 대한 대답 _ 22
- 04. 안색이 밝지 않을 때 _ 24
- 05. 오랜만에 만났을 때 _ 25
- 06. 우연히 만났을 때 _ 27
- 07. 헤어질 때 _ 28

PART 2. 소개
- 01. 누군가를 소개할 때 _ 30
- 02. 처음 만났을 때 표현 _ 31
- 03. 자기를 소개할 때 _ 33
- 04. 통성명하기 _ 34

2. 기본 표현

PART 1. 감사와 사과
- 01. 감사의 표현 _ 38
- 02. 감사 표시에 대한 대답 _ 39
- 03. 일반적인 사과 표현 _ 41
- 04. 잘못을 인정할 때 _ 42
- 05. 용서를 구할 때 _ 44
- 06. 사과를 받아 들일 때 _ 45
- 07. 사과를 받아들이지 않을 때 _ 46

PART 2. 축하와 기원
- 01. 축하할 때 _ 47
- 02. 기원할 때 _ 49

차례

PART 3. 칭찬
- 01. 일반적인 칭찬의 표현 _ 51
- 02. 잘하는 것을 칭찬할 때 _ 53
- 03. 칭찬에 대한 대답 _ 54

PART 4. 부탁
- 01. 부탁할 때 _ 56
- 02. 부탁을 들어줄 때 _ 58
- 03. 부탁을 거절할 때 _ 59

PART 5. 도움 주고 받기
- 01. 도움을 요청할 때 _ 60
- 02. 도와 주고 싶을 때 _ 61
- 03. 도움 승낙 및 사양 _ 62

PART 6. 허락
- 01. 허락을 구할 때 _ 64
- 02. 허락할 때 _ 66
- 03. 거절할 때 _ 67

PART 7. 길 묻기와 안내
- 01. 길을 물을 때 _ 68
- 02. 길을 알려줄 때 _ 69
- 03. 위치를 물을 때 _ 71
- 04. 위치를 알려줄 때 _ 71
- 05. 잘 모를 때 _ 72

3. 약속과 시간

PART 1. 약속
- 01. 만남을 제안할 때 _ 76
- 02. 만남 제의에 대한 대답 _ 77
- 03. 시간과 장소를 정할 때 _ 78
- 04. 약속의 확인 · 변경 · 취소 _ 80
- 05. 약속 시간에 늦을 때 _ 81
- 06. 늦은 이유를 말할 때 _ 83

| PART 2. 시간과 날짜, 요일 | 01. 시간 묻고 말하기 _ 84 |
| | 02. 날짜와 요일을 말할 때 _ 85 |

| PART 3. 재촉과 여유 | 01. 서두르라고 말할 때 _ 87 |
| | 02. 여유를 가지라고 할 때 _ 88 |

4. 초대와 방문

PART 1. 초대	01. 초대 제의를 할 때 _ 92
	02. 초대에 응할 때 _ 93
	03. 초대를 거절할 때 _ 94

PART 2. 손님 맞이	01. 손님을 맞이할 때 _ 96
	02. 집을 구경시켜 줄 때 _ 98
	03. 식사를 대접할 때 _ 99
	04. 손님을 배웅할 때 _ 101

5. 대화의 소재

PART 1. 일반적인 화제	01. 출신과 사는 곳에 대해 _ 106
	02. 학력과 직업에 대해 _ 107
	03. 가족에 대해 _ 109
	04. 나이에 대해 _ 110

PART 2. 사람에 관한 화제	01. 외모에 대해 _ 111
	02. 복장에 대해 _ 112
	03. 사람을 묘사할 때 _ 113
	04. 성격에 대해 _ 114
	05. 여가와 취미 _ 115

| PART 3. 날씨에 관한 화제 | 01. 날씨에 대해 _ 116 |

차례

02. 일기 예보에 대해 _ 117

6. 대화 나누기

PART 1. 대화 나누기
- 01. 대화를 시작할 때 _ 120
- 02. 용건을 물을 때 _ 121
- 03. 솔직히 말할 때 _ 122
- 04. 처음 듣는 말일 때 _ 123
- 05. 비밀로 할 때 _ 124

PART 2. 대화의 기술
- 01. 대화 중간에 끼어들 때 _ 125
- 02. 맞장구를 칠 때 _ 126
- 03. 말문이 막히거나 주제를 바꿀 때 _ 127
- 04. 질문을 할 때 _ 128
- 05. 설명을 요청할 때 _ 130
- 06. 설명을 할 때 _ 131
- 07. 대답을 못할 때 _ 132

PART 3. 이해의 확인
- 01. 이해의 확인 _ 133
- 02. 이해했을 때와 못했을 때 _ 134
- 03. 되물을 때 _ 135

7. 감정의 표현

PART 1. 기쁨과 즐거움
- 01. 기쁜 소식을 들었을 때 _ 138
- 02. 기쁠 때 _ 139

PART 2. 근심과 걱정
- 01. 상대방이 근심이 있어 보일 때 _ 140
- 02. 걱정을 말할 때 _ 141
- 03. 긴장하거나 초조할 때 _ 142

PART 3. 슬픔과 위로

01. 슬플 때 _ 143
02. 위로할 때 _ 145
03. 격려할 때 _ 146

PART 4. 분노와 실망

01. 화가 날 때 _ 148
02. 간섭이나 방해를 받을 때 _ 150
03. 진정시킬 때 _ 151
04. 실망했을 때 _ 153

PART 5. 비난과 다툼

01. 비난할 때 _ 154
02. 비난에 대한 대응 _ 156

PART 6. 불평과 불만

01. 불평할 때 _ 158
02. 불평하는 사람에게 _ 159

PART 7. 놀라움과 두려움

01. 놀랐을 때 _ 160
02. 두려울 때 _ 161

8. 의견 말하기

PART 1. 제안과 권유

01. 제안할 때 _ 166
02. 제안을 받아들일 때 _ 167
03. 제안을 거절할 때 _ 168

PART 2. 의견 묻고 답하기

01. 의견을 물을 때 _ 169
02. 의견을 제시하는 표현 _ 171
03. 의견을 말할 때 _ 172
04. 확신할 때 _ 173

PART 3. 찬성과 반대

01. 상대방의 의견에 찬성할 때 _ 174
02. 상대방의 의견에 반대할 때 _ 176

PART 4. 결심과 유보
- 01. 결심할 때 _ 177
- 02. 결심을 유보할 때 _ 178

PART 5. 추측과 판단
- 01. 느낌이나 추측을 말할 때 _ 179
- 02. 추측이 맞거나 틀릴 때 _ 180

PART 6. 협상과 설득
- 01. 협상과 토론 _ 181
- 02. 설득할 때 _ 182
- 03. 타결과 결렬 _ 183

9. 전화하기

PART 1. 전화 걸고 받기
- 01. 전화를 걸 때 _ 188
- 02. 전화가 왔을 때 _ 189
- 03. 전화를 받을 때 _ 190
- 04. 바꿔줄 때 _ 191
- 05. 바꿔 줄 수 없을 때 _ 193
- 06. 전화 받기 곤란할 때 _ 194
- 07. 전화를 끊을 때 _ 195

PART 2. 부재 중 전화
- 01. 찾는 사람이 부재 중일 때 _ 196
- 02. 언제 올지 알려줄 때 _ 197
- 03. 메시지를 남길 때 _ 198
- 04. 메시지를 받을 때 _ 199
- 05. 메시지 온 것을 확인할 때 _ 200

PART 3. 전화 트러블
- 01. 통화가 힘들 때 _ 201
- 02. 어렵게 통화됐을 때 _ 202
- 03. 전화 상태가 안 좋을 때 _ 203
- 04. 잘 안 들릴 때 _ 204
- 05. 잘못 걸었을 때 _ 205

10. 교통 수단

PART 1. 버스를 이용할 때
- 01. 버스 노선 문의 _ 208
- 02. 운행 시간과 요금 문의 _ 209
- 03. 버스를 타고 내릴 때 _ 210
- 04. 잘못 타거나 지나쳤을 때 _ 211

PART 2. 지하철을 이용할 때
- 01. 지하철 노선 문의 _ 212
- 02. 지하철을 타고 내릴 때 _ 213

PART 3. 기차를 이용할 때
- 01. 기차에 대해 문의할 때 _ 214
- 02. 표를 구입할 때 _ 215
- 03. 기차에 탑승할 때 _ 216

PART 4. 택시를 이용할 때
- 01. 택시를 부르거나 잡을 때 _ 217
- 02. 택시를 타고 내릴 때 _ 218

PART 5. 자동차를 이용할 때
- 01. 차에 태워주고 내려줄 때 _ 220
- 02. 길을 안내할 때 _ 221
- 03. 교통 체증이 있을 때 _ 222
- 04. 운전을 교대할 때 _ 223
- 05. 차를 점검할 때 _ 224
- 06. 주유소에서 _ 225
- 07. 차를 빌릴 때 _ 226

11. 쇼핑하기

PART 1. 쇼핑하기
- 01. 매장 위치를 찾을 때 _ 230
- 02. 상품을 찾을 때 _ 231
- 03. 상품을 추천할 때 _ 232
- 04. 상품을 선전할 때 _ 233

차례

	05. 찾는 상품이 없을 때 _ 234
	06. 상품이 마음에 들 때 _ 235
	07. 상품이 마음에 안 들 때 _ 236
PART 2. 가격 흥정	01. 가격을 물을 때 _ 237
	02. 가격이 비쌀 때 _ 238
	03. 할인을 부탁할 때 _ 239
	04. 할인 승낙과 거절 _ 240
PART 3. 계산할 때	01. 계산할 때 _ 241
	02. 계산이 틀릴 때 _ 243
	03. 포장을 부탁할 때 _ 244
	04. 배달을 부탁할 때 _ 245
PART 4. 다양한 상점들	01. 기념품 가게 _ 246
	02. 보석 가게 _ 247
	03. 옷 가게 _ 248
	04. 화장품 가게 _ 250
PART 5. 교환과 환불	01. 교환할 때 _ 251
	02. 환불을 할 때 _ 252

12. 식당에서

PART 1. 식사 제의와 예약	01. 식사를 제의할 때 _ 258
	02. 식당을 예약할 때 _ 259
PART 2. 식당 입구에서	01. 예약했을 때 _ 261
	02. 예약하지 않았을 때 _ 262
PART 3. 식사할 때	01. 음식에 대해 물어볼 때 _ 264

	02. 주문할 때 _ 265
	03. 마실 것과 디저트 주문 _ 267
	04. 식당에서 문제가 발생했을 때 _ 268
	05. 필요한 것을 말할 때 _ 270
	06. 식사 중 대화 _ 271
	07. 계산할 때 _ 273
PART 4. 패스트푸드 식당에서	01. 주문할 때 _ 274

13. 일상의 장소

PART 1. 은행	01. 계좌를 개설할 때 _ 280
	02. 입금 · 출금 · 송금 _ 281
	03. 환전을 할 때 _ 282
PART 2. 우체국	01. 편지를 부칠 때 _ 283
	02. 소포를 보낼 때 _ 284
	03. 우편환을 보낼 때 _ 285
PART 3. 세탁소	01. 세탁물을 맡길 때 _ 286
	02. 옷 수선을 맡길 때 _ 287
	03. 옷을 찾을 때 _ 288
PART 4. 이발소와 미용실	01. 이발소에서 _ 289
	02. 미용실에서 _ 290
PART 5. 부동산	01. 집을 알아 볼 때 _ 292
	02. 집을 계약할 때 _ 294
PART 6. 극장	01. 영화를 보러 갈 때 _ 295
	02. 영화에 대해 말할 때 _ 296

차례

PART 7. 약국
- 01. 일반약을 살 때 _ 297
- 02. 처방전이 필요한 약을 살 때 _ 298

PART 8. 병원
- 01. 예약할 때 _ 300
- 02. 접수 창구에서 _ 301
- 03. 증상을 말할 때 _ 302
- 04. 진찰할 때 _ 303
- 05. 검사할 때 _ 304
- 06. 결과를 말해 줄 때 _ 306

14. 여행하기

PART 1. 항공편 예약하기
- 01. 항공편 예약할 때 _ 310
- 02. 여러 가지 항공편 문의 _ 312
- 03. 항공편 재확인과 변경, 취소 _ 313
- 04. 체크인할 때 _ 314

PART 2. 기내에서
- 01. 좌석 찾기와 좌석 확인 _ 316
- 02. 좌석 교환 _ 317
- 03. 기내서비스 _ 318
- 04. 기내식 _ 320
- 05. 입국[세관] 신고서 작성 _ 321
- 06. 몸이 좋지 않을 때 _ 322
- 07. 환승할 때 _ 324

PART 3. 도착지 공항에서
- 01. 입국 심사 _ 325
- 02. 수하물을 찾을 때 _ 327
- 03. 세관 심사 _ 329
- 04. 공항에서 목적지로 갈 때 _ 330

PART 4. 관광하기
- 01. 관광 정보 문의 _ 332

	02. 관광버스에 대해 문의할 때 _ 334
	03. 관광지에서 _ 335
	04. 사진을 찍을 때 _ 336
PART 5. 긴급 상황	01. 사고가 났을 때 _ 337
	02. 사고 상황을 설명할 때 _ 338
	03. 도난과 분실 _ 339
	04. 분실물 신고소에서 _ 340

15. 호텔에서

PART 1. 호텔 예약	01. 예약할 때 _ 346
	02. 원하는 방을 말할 때와 요금 문의 _ 347
	03. 예약 확인과 변경, 취소 _ 349
	04. 방이 없을 때 _ 350
PART 2. 체크인	01. 체크인할 때 _ 351
	02. 예약을 하지 않았을 때 _ 352
	03. 객실로 이동할 때 _ 353
PART 3. 호텔 서비스	01. 룸서비스를 이용할 때 _ 355
	02. 모닝콜을 부탁할 때 _ 356
	03. 세탁을 부탁할 때 _ 357
	04. 청소를 부탁할 때 _ 358
	05. 귀중품을 보관할 때 _ 359
	06. 우편 · 통신 서비스 _ 360
PART 4. 호텔에서 문제 발생	01. 호텔 시설에 문제가 있을 때 _ 362
	02. 도난과 분실을 했을 때 _ 363
PART 5. 체크아웃	01. 체크아웃을 할 때 _ 364

02. 계산이 틀릴 때 _ 365
03. 체류 기간을 변경할 때 _ 366

16. 학교 생활

PART 1. 입학
- 01. 학교와 전공 선택 _ 370
- 02. 학교에 대한 문의 _ 371
- 03. 합격과 불합격 _ 372
- 04. 기숙사 문의 _ 373

PART 2. 수강 신청과 수업
- 01. 수강 신청 _ 374
- 02. 수업을 시작하기 전에 _ 375
- 03. 수업을 하면서 _ 376
- 04. 수업이 끝난 후 _ 377

PART 3. 시험과 성적
- 01. 시험을 보기 전에 _ 378
- 02. 시험을 보고 나서 _ 379
- 03. 시험 성적 _ 380

PART 4. 도서관과 서점
- 01. 책을 빌릴 때 _ 381
- 02. 책을 살 때 _ 382

17. 직장 생활

PART 1. 일상적인 업무
- 01. 업무 지시와 부탁 _ 386
- 02. 지시나 부탁을 받았을 때 _ 387
- 03. 업무 확인 _ 388
- 04. 재촉할 때 _ 390

PART 2. 업무 평가
- 01. 보고와 결재 _ 391
- 02. 긍정적으로 평가할 때 _ 392

	03. 부정적으로 평가할 때 _ 393
PART 3. 회의	01. 회의 시간과 장소 _ 394
	02. 회의를 시작할 때 _ 395
	03. 제안과 질문 _ 396
	04. 찬성과 반대 _ 397
PART 4. 접대와 방문	01. 손님을 맞이할 때 _ 398
	02. 찾는 사람이 부재중이거나 바쁠 때 _ 399
	03. 거래처를 방문할 때 _ 400
PART 5. 상담과 계약	01. 제품을 소개할 때 _ 401
	02. 계약을 할 때 _ 402
PART 6. 기타 직장 생활	01. 지각과 결근 _ 404
	02. 조퇴와 퇴근 _ 405
	03. 휴가와 병가 _ 406

인사와 소개

PART 1. 인사
PART 2. 소개

Part 1 인사

01 일반적인 인사 표현

1 _ 안녕! / 안녕하세요!

Hi! / Hello!

하-이 / 헬로우

▶ hi나 hello는 비슷한 의미의 표현이지만 hi가 좀 더 편한 사이에서 쓸 수 있는 표현입니다.

2 _ 안녕하세요! - 오전 / 오후 / 저녁 인사

Good morning! / Good afternoon! / Good evening!

굳 모닝 / 굳 에프터누운 / 굳 이브닝

▶ 편한 사이에서는 줄여서 Morning!, Afternoon!, Evening!이라고 말하기도 합니다.

3 _ 안녕하세요? / 어떻게 지내세요?

How are you?

하우 아- 유

4 _ 안녕!

Hi, there!

하-이 데어

▶ 친구나 연인 사이에 할 수 있는 인사 표현입니다.

02 다양한 인사 표현

1 _ 어떻게 지내세요?

How are you doing?

하우 아 유 두-잉

▶ 비슷한 표현으로는 How's it going?, How are things (with you)? 등이 있습니다.

2 _ 별일 없어요?

What's up?

왓 써업

▶ 가까운 친구 사이에 쓸 수 있는 표현으로 What's new?라고 해도 비슷한 뜻입니다.

3 _ 요즈음 어떻게 지내요?

How are you these days?

하우 아 유 디즈 데이즈

4 _ 사업은 잘 되고 있나요?

How is your business going?

하우 이 쥬어 비즈니스 고잉

5 _ 공부는 잘 되니?

How are your studies going?

하우 아 유어- 스터디즈 고잉

6 _ 오늘 하루 어땠어요?

How was your day?
하우 워 쥬어 데이

▶ How was ~?는 '~는 어땠어요?'라는 뜻으로 과거의 상태를 묻는 표현입니다.

7 _ 주말 잘 보냈어요?

How was your weekend?
하우 워 쥬어 위케엔드

03 인사에 대한 대답

1 _ 잘 지내요. 당신은요?

Fine, thank you. And you?
파인 땡 큐 앤 쥬

▶ 아주 좋다면 Very well., Pretty good. 등으로 말하면 됩니다.

2 _ 모든 게 좋아요.

Everything is O.K.
에브리띵 이즈 오케이

3 _ 아주 좋아요. (불평할 게 없어요.)

Can't complain.
캔트 컴플레인

4 _ 항상 똑같아요.

Same as always.

쎄임 애즈 올웨이즈

5 _ 뭐, 특별한 일이 없어요.

Nothing special. / Nothing much.

낫띵 스페쉴 / 낫띵 머취

▶ What's up?과 같은 인사에 대한 대답으로 쓸 수 있는 표현입니다.

6 _ 그저 그래요.

Not bad. / So-so.

낫 배앳 / 쏘우 쏘우

▶ 이 표현들은 그렇게 좋지도 않고 나쁘지도 않은 상태를 나타낼 때 쓸 수 있는 표현입니다.

7 _ 별로 좋지 않아요.

Not good. / Not so great.

낫 구웃 / 낫 쏘우 그레잇

▶ 비슷한 표현으로 Still alive.라는 말이 있는데 '여전히 살아 있다', 즉 '마지못해 살고 있다'는 말이니 별로 좋지 않은 상태를 나타낼 때 쓸 수 있습니다.

8 _ 아주 안 좋아요.

Terrible. / Awful.

테러블 / 오-펄

04 안색이 밝지 않을 때

1 _ 피곤해 보여요.

You look tired.
유 룩 타이어드

▶ 상대방의 기분이나 상태를 나타낼 때 You look ~.라는 표현을 쓸 수 있습니다. 위와 반대로 상대방이 기분이 좋아 보인다면 You look great!라고 하면 됩니다.

2 _ 기운이 없어 보이네요.

You look depressed.
유 룩 디프레스드

▶ depressed : 의기소침한, 낙담한

3 _ 오늘 아침 당신 좀 이상한데요.

Something's wrong with you this morning.
썸띵즈 롱 윗 유 디스 모닝

4 _ 오늘 왜 그렇게 기운이 없어요?

Why are you so down today?
와이 아 유 쏘우 다운 터데이

5 _ 무슨 일이에요?

What's wrong? / What's the matter?
왓츠 로옹 / 왓츠 더 매러

01 인사와 소개

6 _ 뭐가 잘못 됐나요?

Is there something wrong?

이즈 데어 썸띵 로옹

▶ 의문문이나 부정문에서는 보통 something을 쓰지 않고 anything을 쓰지만 상대방에게 긍정의 대답을 기대하거나 권유를 할 때에는 something을 쓰기도 합니다.

7 _ 기분 안 좋은 일이 있어요?

Why the long face?

와이 더 로옹 페이스

▶ long face : 시무룩한 얼굴, 침통한 얼굴

05 오랜만에 만났을 때

1 _ 정말 오랜만입니다!

Long time no see!

롱 타임 노우 씨

▶ 오랜만에 만난 사람에게 쓸 수 있는 표현으로 줄여서 Long time!이라고 하기도 합니다.

2 _ 정말 오래간만에 뵙는군요.

I haven't seen you for ages!

아이 해븐트 씬 유 포 에이쥐즈

▶ 비슷한 표현으로는 I haven't seen you in years!, It's been a long time! 등이 있습니다.

3 _ 이게 얼마 만입니까?

How long has it been?
하우 로옹 해즈 잇 비인

▶ '그동안 어떻게 지냈어요?' 라는 말은 How have you been?이라고 말하면 됩니다.

4 _ 요즘 어떻게 지내고 계세요?

How have you been getting along lately?
하우 해 뷰 빈 게팅 어로옹 레이틀리

▶ get along : 지내다, 살아 가다   lately : 요즘, 최근에

5 _ 뭐가 그렇게 바쁘셨어요?

What has kept you so busy?
왓 해즈 캡 츄 쏘우 비지

6 _ 당신 하나도 변하지 않았군요..

You haven't changed a bit.
유 해븐 췌인쥐드 어 빗

▶ You always look the same.이라고 말해도 비슷한 의미의 표현입니다.

7 _ 당신 몰라보게 변했네요.

You've changed beyond all recognition.
유브 췌인쥐드 비얀드 올 레커그니션

▶ beyond recognition : 옛 모습을 알아볼 수 없을 정도로

06 우연히 만났을 때

1 _ 정말 놀랍군요!

What a surprise!

왓 어 서프라이즈

2 _ 여기서 당신을 만나다니!

Fancy meeting you here!

팬시 미팅 유 히어

▶ fancy는 명령형으로 '생각해 봐라'라는 의미로 놀람을 나타내거나 주의를 촉구할 때 쓸 수 있는 표현입니다.

3 _ 여기서 당신을 만나게 될 줄은 생각도 못했어요.

I never expected to see you here.

아이 네버 익스펙티드 투 씨 유 히어

4 _ 세상 정말 좁군요!

What a small world!

왓 어 스모올 월걸드

▶ 이 표현은 우리말에 '정말 세상 좁네!'라는 의미로 뜻밖의 장소에서 아는 사람을 만났을 때 쓸 수 있는 표현입니다.

5 _ 다시 만나서 반가워요.

Nice to see you again.

나이스 투 씨 유 어게인

6 _ 여기에는 무슨 일로 오셨어요?

What brings you here?

왓 브링 쥬 히어

7 _ 어디 가는 길이에요?

Where are you headed?

웨어 아 유 헤디드

▶ head : 나아가게 하다, 나아가다

07 헤어질 때

1 _ 이만 가 봐야겠어요.

I have to go now.

아이 햅 투 고우 나우

▶ 비슷한 표현은 I must be off now., I must get going., I think I should leave now. 등이 있습니다.

2 _ 그럼 여기서 작별인사를 해야겠어요.

I'll say goodbye here, then

아월 쎄이 굳바이 히어 덴

3 _ 얘기 즐거웠어요.

I enjoyed talking with you

아이 인조이드 토-킹 위드 유

4 _ 연락하면서 지내요..

Let's keep in touch.

렛츠 키- 핀 터치

▶ keep in touch : 연락하다, 편지 주다

5 _ 안녕히 가세요!, 안녕히 계세요!

Good-bye!

굳바이

▶ 친한 사이에는 Bye!로 말하기도 합니다.

6 _ 잘 있어요!

Take it easy!

테이 킷 이-지

▶ take it easy는 '여유를 가지고 천천히 하다, 맘 편히 하다'의 뜻이 있지만 헤어질 때 인사로 쓰이기도 합니다.

7 _ 안녕! 내일 봐요.

Good-bye! See you tomorrow.

굳바이 씨 유 터마-로우

▶ '월요일에 보자.'는 See you on Monday., '다음에 보자.'는 See you next time.이라고 말하면 됩니다.

8 _ 당신 가족에게 안부 전해 주세요.

Say hello to your family.

쎄이 헬로우 투 유어 패멀리

Part 2 소개

01 누군가를 소개할 때

1 _ 존, 이쪽은 메리예요. 메리, 이쪽은 존입니다.

John, this is Mary. Mary, this is John.

조온 디스 이즈 **메**어리 **메**어리 디스 이즈 **조**온

▶ '이쪽이 ~입니다.' 하고 누군가를 소개할 때에는 This is ~.라는 표현을 쓰면 됩니다.

2 _ 스톤 씨, 제 친구 민수를 소개하겠습니다.

Mr. Stone, let me introduce my friend Minsu to you.

미스터 **스토**운 렛 미 인트러듀-스 마이 프렌드 **민**수 투 유

▶ Let me introduce ~ to you.는 '당신에게 ~를 소개하겠습니다.' 라는 표현입니다.

3 _ 두 사람 전에 서로 인사하신 적이 있나요?

Have you two met before?

해브 유 **투** 멧 비**포**-

▶ 이 표현은 '~한 적이 있나요?' 라는 현재완료의 경험을 나타냅니다.

4 _ 이 분은 저의 과장님이신 미스터 박입니다.

This is my manager, Mr. Park.

디스 이즈 마이 **매**니저 미스터 **파**악

5 _ 자넷을 소개할게요.

I'd like to introduce you to Janet.

아이드 라익 투 인트러듀-스 유 투 재닛

6 _ 이쪽은 제 친구인 민수입니다.

This is Minsu, a friend of mine.

디스 이즈 민수 어 프렌드 오브 마인

02 처음 만났을 때 표현

1 _ 만나서 반갑습니다.

Nice to meet you.

나이스 투 밋 유

▶ 처음 만났을 때 '반갑다' 는 의미로 자주 쓰이는 표현입니다.

2 _ 처음 뵙겠습니다.

How do you do?

하우 두 유 두우

▶ 이 표현은 비지니스나 격식 있는 자리에서 쓸 수 있는 표현입니다.

3 _ 우리는 정식으로 인사한 적이 없는 것 같습니다.

I don't think we've been formally introduced.

아이 돈 띵크 위브 빈 포-멀리 인트러듀-스드

▶ formally : 정식적으로, 공식적으로

4 _ 당신을 만나서 기쁩니다.
Glad to meet you.
글랫 투 밋 유

▶ Pleased to meet you.라고 해도 비슷한 표현입니다. '만나서 영광입니다.' 라는 말을 하고 싶다면 I'm honored to meet you. 라고 말하면 됩니다.

5 _ 당신에 대해서 말씀 많이 들었습니다.
I've heard so much about you.
아이브 허-드 쏘우 머취 어바웃 유

6 _ 꼭 한 번 만나고 싶었습니다.
I've always wanted to meet you.
아이브 올웨이즈 원티드 투 밋 유

7 _ 존슨 씨가 당신 얘기를 자주 하더군요.
Mr. Johnson often speaks of you.
미스터 존슨 오-펀 스픽스 오 뷰

▶ speak of는 '~대해 말하다' 는 뜻으로 만약에 speak well[ill] of 라고 하면 '~을 좋게[나쁘게] 말하다' 는 의미가 됩니다.

8 _ 당신을 잘 알게 되기를 기대합니다.
I look forward to getting to know you.
아이 룩 포-워드 투 게팅 투 노우 유

▶ look forward to ~ : ~을 기대하다

03 자기를 소개할 때

1 _ 제 소개를 하겠습니다.

Let me introduce myself.

렛 미 인트러듀-스 마이셀프

▶ 이외에 자기를 소개할 때 쓸 수 있는 표현은 Allow me to introduce myself., I'd like to introduce myself. 등이 있습니다.

2 _ 안녕하세요. 저는 박민수입니다.

Hello. I'm Minsu Park.

헬로우 아임 민수 파악

▶ '나는 ~입니다.' 하고 자기를 소개할 때에는 I'm ~., 또는 My name's ~.라는 표현을 쓸 수 있습니다.

3 _ 저는 네오북스의 신입사원입니다.

I'm a new employee of the Neobooks.

아임 어 뉴- 임플로이 오브 더 네오북스

4 _ 네오북스에서 근무하는 박민수입니다.

My name's Minsu Park from Neobooks.

마이 네임즈 민수 파악 프럼 네오북스

5 _ 저는 영업부에서 근무하고 있습니다.

I work in the Sales Department

아이 워-크 인 더 쎄일즈 디파-트먼트

04 통성명하기

1 _ 이름이 어떻게 되세요?

What's your name?

왓 츄어 네임

▶ 비슷한 표현은 May I have your name?, Could I have your name? 등이 있습니다.

2 _ 미안합니다. 이름이 뭐라고 하셨죠?

Sorry. What's your first name again?

쏘-리 왓 츄어 퍼-스트 네임 어게인

▶ first name은 이름을 말하고 성은 last name, 또는 family name이라고 합니다.

3 _ 이름을 불러도 되겠어요?

Shall I call you by your first name?

쉘 아이 콜 유 바이 유어 퍼-스트 네임

4 _ 당신을 어떻게 부를까요?

How should I address you?

하우 슈드 아이 어드레스 유

5 _ 저는 윌리엄입니다. 그냥 윌이라고 부르세요.

I'm William. Just call me Will.

아임 윌리엄 저스트 콜 미 윌

인사와 소개 **01**

알아 두면 좋은 영단어

⊙ **영어 이름의 애칭**

Arthur 아-써 → Art 아-트

Benjamin 벤저민 → Ben 벤

Caroline 캐럴린 → Carol 캐럴

Catherine 캐써린 → Cathy 캐씨

Christina 크리스티-너 → Chris 크리스

David 데이브드 → Dave 데이브

Edgar 에드거 → Ed 에드

Elizabeth 일리저버쓰 → Betty, Liz 베티, 리즈

James 제임즈 → Jim 짐

Joseph 죠셉 → Joe 조우

Katherine 캐써린 → Kate 케이트

Margaret 마-거리트 → Marge 마-지

Richard 리쳐드 → Rick 릭

Robert 라버트 → Bob 밥

Stephen 스티-번 → Steve 스티-브

Susanna 수-재너 → Sue, Susan 수, 수-즌

William 윌리엄 → Will 윌

알아 두면 좋은 영단어

⊙ 직업에 관한 단어

public officer	퍼블릭 오-피써	공무원
carpenter	카-펜터	목수
lawyer	로-이어	변호사
office worker	오-피서 워-커	사무원
optician	앞티션	안경사
journalist	저-널리스트	언론인
shipper	쉬퍼	운송업자
architect	아-커텍트	건축가
bank president	뱅크 프레저던트	은행장
chef	쉐프	주방장
salesclerk	세일즈클러-크	점원
mechanic	머캐닉	정비사
professor	프르페써	교수
doctor	닥터	의사
nurse	너-스	간호사
politician	팔러티션	정치인
scientist	싸이언티스트	과학자

기본 표현

PART 1. 감사와 사과
PART 2. 축하와 기원
PART 3. 칭찬
PART 4. 부탁
PART 5. 도움 주고받기
PART 6. 허락
PART 7. 길 묻기와 안내

Part 1 감사와 사과

01 감사의 표현

1 _ 감사합니다.
Thank you.
땡 큐
▶ 친한 사람이라면 줄여서 Thanks.라고 하기도 합니다. Thanks.가 Thank you.보다 가볍고 편한 사이에서 사용됩니다.

2 _ 대단히 감사합니다.
Thank you very much.
땡 큐 베리 머취
▶ Thanks a lot.이라고 해도 비슷한 표현입니다.

3 _ 정말 감사합니다.
I really appreciate it.
아이 리-얼리 어프리-쉬에이 릿
▶ appreciate : (사람의 호의 등을) 고맙게 생각하다

4 _ 어떻게 감사를 드려야 할까요?
How can I ever thank you?
하우 캔 아이 에버 땡 큐
▶ I don't know how to thank you.라고 해도 비슷한 표현입니다.

5 _ 감사하다는 말을 하고 싶습니다.
I would like to thank you.
아이 우드 라익 투 땡 큐

6 _ 수고해 주셔서 감사합니다.
Thank you for all of your hard work.
땡 큐 포- 올 오 뷰어 하-드 워-크

> ▶ 어떤 것이 고마운지 구체적으로 언급할 때에는 Thank you for ~.라는 표현을 쓸 수 있습니다.

7 _ 친절하게 대해 줘서 감사합니다.
Thank you for your kindness.
땡 큐 포- 유어 카인드니스

02 감사 표시에 대한 대답

1 _ 천만에요.
You're welcome.
유 어 웰컴

> ▶ 감사 표시에 대한 대답으로 가장 일반적으로 쓰이는 표현입니다.

2 _ 제가 좋아서 한 거예요.
It was my pleasure.
잇 워즈 마이 플레저

3 _ 너무 대단하게 생각하지 마세요.
Don't make too much of it.
돈 메익 투 머취 오브 잇

▶ '정말 아무 것도 아니에요.'라는 말을 한다면 It was really nothing.이라고 하면 됩니다.

4 _ 별것도 아니에요.
No problem.
노우 프라블럼

▶ 이 말은 구어에서 Thank you.에 대한 대답으로 쓰이기도 합니다.

5 _ 신경쓰지 마세요.
Never mind.
네버 마인드

▶ mind : (부정문·의문문 등에서) 신경 쓰다, 꺼림칙하게 생각하다

6 _ 언제든지요.
Anytime.
애니타임

▶ 상대방이 고마움을 표현했을 때 Anytime.이라고 하면 언제든지 도와주겠다는 의미의 표현이 됩니다.

7 _ 내가 도움이 되어서 기뻐요.
I'm glad I could help.
아임 글랫 아이 쿳 헬프

03 일반적인 사과 표현

1 _ 미안해요.

I'm sorry.

아임 쏘리

2 _ 실례합니다.

Excuse me.

익스큐즈 미

▶ 이 표현은 사람 앞을 지나가거나 자리를 뜰 때, 또는 재채기나 트림을 했을 때 '미안합니다, 실례합니다' 라는 의미로 쓰입니다.

3 _ 정말 죄송합니다.

I'm very sorry.

아임 베리 쏘리

▶ very 대신 so나 awfully를 써도 비슷한 표현이 됩니다.

4 _ 불편하게 해서 미안합니다.

I'm sorry for the inconvenience.

아임 쏘리 포 디 인컨비니언스

▶ inconvenience : 불편한 것, 귀찮은 일, 폐가 되는 일

5 _ 매번 폐를 끼쳐서 미안합니다.

I'm sorry to trouble you so often.

아임 쏘리 투 트러블 유 쏘우 오-펀

6 _ 뭐라고 사과를 드려야 할지 모르겠습니다.

I have no words to apologize to you.

아이 해브 노 워즈 투 어팔러자이즈 투 유

7 _ 기분을 상하게 했다면 미안해요.

I'm sorry if it offended you.

아임 쏘리 이프 잇 어펜디드 유

▶ offend : 감정을 상하게 하다, 성나게 하다

8 _ 기다리게 해서 미안합니다.

I'm sorry for keeping you waiting.

아임 쏘리 포 키-핑 유 웨이팅

▶ '늦어서 미안합니다.' 라는 표현은 I'm sorry, I'm late.라고 표현할 수 있습니다.

04 잘못을 인정할 때

1 _ 제 잘못이었습니다

That was my fault.

댓 워즈 마이 폴트

2 _ 일부러 그런 것은 아니었어요.

I didn't mean it.

아이 디든 미-이 닛

기본 표현 02

3 _ 미안합니다. 제가 좀 더 주의를 했어야 했습니다.

I'm sorry I should have been more careful.

아임 쏘리 아이 슈드 해브 빈 모어 케어펄

▶ 'should have+과거분사'는 '~했어야 했는데 하지 않았다'라는 뜻을 나타냅니다.

4 _ 제가 바보 짓을 했어요.

I made a fool of myself.

아이 메이 더 푸울 어브 마이셀프

▶ make a fool of oneself : 바보 짓을 하다, 웃음거리가 되다

5 _ 그와 같은 실수를 하다니 제가 바보예요.

It's silly of me to make such a mistake

잇츠 씰리 오브 미 투 메익 써취 어 미스테이크

▶ make a mistake : 실수하다

6 _ 미안해요. 제가 망쳐 놓았어요..

I'm sorry. I screwed up.

아임 쏘리 아이 스크루-드 업

▶ screw up : 망치다, 결딴내다

7 _ 제가 책임지겠습니다.

I take the blame.

아이 테익 더 블레임

▶ take the blame : 책임을 지다

05 용서를 구할 때

1 _ 용서해 주세요.
Please, forgive me. / Pardon me.
플리-즈 퍼기입 미 / 파-든 미

▶ forgive는 죄나 과실에 대해 분노·처벌 등의 감정을 버리고 용서하는 것을 뜻하고 pardon은 죄나 나쁜 짓에 대해 처벌을 면제할 때 쓰입니다.

2 _ 다시는 그러지 않겠습니다.
I'll never do it again.
아일 네버 두 잇 어게인

3 _ 다시는 똑같은 실수를 하지 않겠습니다.
I won't make the same mistake again.
아이 원트 메익 더 쎄임 미스테익 어게인

4 _ 한 번만 봐 주세요.
Give me a break, please.
기브 미 어 브레익 플리즈

▶ Give me a break! : (한 번 더) 기회를 줘!, 그만해!

5 _ 제가 한 일을 용서해 주세요.
Please forgive me for what I've done.
플리-즈 퍼기입 미 포 왓 아이브 더언

기본 표현 02

06 사과를 받아들일 때

1 _ 괜찮습니다.

That's all right.

댓츠 올 라잇

▶ 이 표현은 상대방이 '미안해.' 라고 했을 때 '괜찮아.' 하고 사과를 받아들일 때 쓸 수 있는 표현입니다.

2 _ 걱정하지 마세요.

Don't worry about it.

돈 워리 어바웃 잇

▶ 비슷한 표현은 No worries., No need to worry. No problem. 등이 있습니다.

3 _ 잊어버리세요.

Forget it.

퍼겟 잇

4 _ 그것은 누구에게나 일어날 수 있는 일이에요.

It can happen to anyone.

잇 캔 해펀 투 어니원

5 _ 사과해 줘서 고마워요.

Thank you for apologizing.

땡 큐 포 어팔러지이징

6 _ 별거 아니예요.

No big deal.
노우 빅 디일

▶ big deal : 대단한 것, 큰 인물, 큰 거래

07 사과를 받아들이지 않을 때

1 _ 미안하지만 당신의 사과는 받아들일 수가 없습니다.

I'm afraid I can't accept your apology.
아임 어프레이드 아이 캔트 액셉 츄어 어팔러쥐

▶ I'm afraid는 부드럽게 유감을 나타낼 때 쓸 수 있는 표현입니다.

2 _ 용서할 수 없어요.

I can't forget about it.
아이 캔트 퍼겟 어바웃 잇

3 _ 이 일은 그냥 넘어갈 수 없습니다.

I won't be able to let this go.
아이 원트 비 에이블 투 렛 디스 고우

▶ be able to ~ : ~할 수 있다   let ~ go : ~를 눈감아 주다

4 _ 당신은 진심으로 사과하는 것 같지 않아요.

I don't think your apology is sincere.
아이 돈 띵크 유어 어팔러쥐 이즈 신씨어

Part 2 축하와 기원

01 축하할 때

1 _ 축하해요!

Congratulations!

컨그래츄레이션즈

▶ congratulations는 노력에 의한 성취를 축하한다는 뜻입니다. 그러므로 생일이나 크리스마스, 신년을 축하할 때에는 쓰지 않는다는 것을 알아 두세요.

2 _ 결혼을 축하합니다!

Congratulations on your wedding!

컨그래츄레이션즈 온 유어 웨딩

▶ '~에 대해 축하합니다!' 라는 말은 Congratulations on ~!이라고 표현하면 됩니다.

3 _ 출산을 축하드립니다.

Congratulations on your new baby.

컨그래츄레이션즈 온 유어 뉴 베이비

▶ Congratulations는 구어에서 Congrats로 말하기도 합니다.

4 _ 승리를 축하합니다!

Congratulations on your victory!

컨그래츄레이션즈 온 유어 빅터리

5 _ 기념일을 축하합니다!

Happy anniversary!

해피 애너**버**-써리

6 _ 생일을 축하합니다!

Happy birthday to you!

해피 **버**-스데이 투 유

7 _ 축하해요! 네오북스에 취직하셨다면서요.

Congratulations! I heard you got a job with Neobooks.

컨그래츄레이션즈 아이 **허**-드 유 갓 어 잡 위드 네오북스

8 _ 합격을 축하합니다.

Congratulations on passing the exam.

컨그래츄레이션즈 온 **패**싱 디 이그**재**앰

9 _ 승진을 축하합니다!

Congratulations on your promotion!

컨그래츄레이션즈 온 유어 프로**모**우션

10 _ 축하해요! 과장으로 승진하셨다는 말을 들었습니다.

Congratulations! I heard you got promoted to Manager!

컨그래츄레이션즈 아이 **허**-드 유 갓 프러모티드 투 **매**니저

기본 표현 02

02 기원할 때

1 _ 행운을 빌어요!

Good luck!
굳 러억

2 _ 행운이 따르기를 기원합니다!

I wish you the best of luck!
아이 위쉬 유 더 베스트 어브 러억

3 _ 당신이 항상 행복하기를 바랄게요.

I hope you'll always be happy.
아이 호우프 유윌 올웨이즈 비 해피

▶ 자기의 희망이나 바람을 나타낼 때 I hope ~.라는 표현을 쓸 수 있습니다.

4 _ 더 나은 한 해가 되길 바라겠습니다.

I hope you'll have a better year.
아이 호우프 유윌 해 버 베러 이어

5 _ 당신의 모든 일이 잘 되길 바랄게요.

I hope things will turn out well for you.
아이 호우프 띵스 윌 터-언 아웃 웰 포- 유

▶ turn out : ~이 되다

6 _ 새해에는 모든 행운이 깃들기를!

All the best for the New Year!
올 더 베스트 포 더 뉴 이어

▶ all the best는 '행운이 있기를!' 이라는 표현으로 건배나 작별할 때에도 쓰입니다.

7 _ 새해 복 많이 받으세요!

Happy New Year!
해피 뉴 이어

8 _ 즐거운 크리스마스 되세요!

Merry Christmas!
메리 크리스머스

▶ merry : 명랑한, 유쾌한, 재미있는

9 _ 신의 축복이 있기를!

God bless you!
갓 블레스 유

▶ 상대방이 재채기를 했을 때도 God bless you.라는 말을 쓰기도 합니다. 옛날에는 재채기를 하면 역병에 걸린 것으로 알았기 때문에 이 표현을 써서 쾌유를 빌었다고 합니다.

10 _ 건강 조심하세요.

Take care of your health.
테익 케어 오브 유어 헬쓰

Part 3 칭찬

01 일반적인 칭찬의 표현

1 _ 잘했어요!

Good job!
굳 자압

▶ 상대방이 어떤 일을 잘했을 때 칭찬하는 표현으로 비슷한 표현은 Well done!, Good work! 등이 있습니다.

2 _ 대단하군요!

Great!
그레잇

▶ 위와 비슷한 표현은 Excellent!, Wonderful!, Amazing! 등이 있습니다.

3 _ 정말 잘했대!

Good boy!
굳 보이

▶ 이 표현은 어린아이에게 쓸 수 있는 표현으로 여자아이면 Good girl!이라고 하면 됩니다.

4 _ 잘 하시는군요!

You're doing fine!
유어 두잉 파인

5 _ 당신 정말 훌륭하군요!

You're out of this world!

유어 아웃 오브 디스 워얼드

▶ out of this world : 더할 나위 없는, 매우 훌륭한

6 _ 당신이 최고예요!

You're the best!

유어 더 베스트

7 _ 나는 당신이 자랑스럽습니다.

I'm proud of you.

아임 프라우드 오브 유

▶ be proud of : 자랑으로 여기다, 마음에 흡족하다

8 _ 정말 훌륭하군요!

How marvelous!

하우 마벌러스

▶ how를 쓰는 감탄문은 'How+형용사(부사)+주어+동사!'의 형태를 쓰고 What을 쓰는 감탄문은 'What a(an)+형용사+명사+주어+동사!'의 형태를 씁니다.

9 _ 부럽습니다.

I envy you.

아이 엔비 유

02 잘하는 것을 칭찬할 때

1 _ 요리를 정말 잘 하시네요.

You're an excellent cook.
유어 언 엑썰런트 쿠욱

▶ excellent 우수한, 뛰어난 cook : 요리사, 요리하다

2 _ 노래를 잘 하시는군요

You are a good singer.
유 아 어 굳 씽어

3 _ 당신은 정말 못하는 게 없군요.

You're good at everything.
유아 굳 앳 에브리띵

▶ be good at ~ : ~를 잘하다, 유능하다

4 _ 영어를 잘하시네요.

You are good at speaking English.
유 아 굳 앳 스피-킹 잉글리쉬

5 _ 당신은 정말 박식하시군요.

You must be a walking encyclopedia
유 머스트 비 어 워-킹 인사이크러피-디어

▶ 여기서 must는 당연한 추정을 나타내어 '~임에 틀림없다, 틀림없이 ~일 것이다' 라는 의미를 가집니다.

6 _ 손재주가 상당히 좋으시군요.

You're quite good with your hands.

유어 **콰**잇 굳 위드 유어 **핸**즈

7 _ 당신이 저보다 낫군요.

You are better than me.

유 아 베러 댄 **미**이

8 _ 당신은 도대체 못하는 게 뭐예요?

Is there anything you can't do?

이즈 데어 에니띵 유 **캔**트 두

03 칭찬에 대한 대답

1 _ 칭찬해 주셔서 감사합니다.

Thank you for the compliment.

땡 큐 포 더 **캄**플러먼트

▶ 우리는 칭찬을 받으면 '뭘요.' 하면서 쑥스러워하는데 칭찬에는 Thank you. 하고 감사의 표현을 하는 것이 미국인들에게는 자연스러운 행동입니다.

2 _ 그렇게 말해 주니 고마워요.

Thank you for saying so.

땡 큐 포 **쎄**잉 쏘우

기본 표현 **02**

3 _ 너무 과분한 칭찬을 하시네요.

You praise me too much.
유 프레이즈 미 투 머취

▶ too much : 도저히 감당할 수 없는

4 _ 과찬의 말씀입니다

I'm so flattered.
아임 **쏘우** 플라터드

▶ flatter는 '칭찬하다, 추켜세우다'라는 뜻이니 이 표현은 '칭찬을 받아서 아주 기쁘다, 과찬이다'라는 의미가 됩니다.

5 _ 얼굴이 빨개질려고 하네요.

You are making me blush.
유 아 **메이킹** 미 블러쉬

▶ 만약에 '비행기 태우지 마세요.'라는 말을 하려면 Don't make me blush.라는 표현을 쓰면 됩니다.

6 _ 저는 칭찬 받을 만한 자격이 없습니다.

I don't deserve your praise
아이 **돈** 디저-브 유어 프레이즈

7 _ 열심히 하겠습니다.

I'll do my best.
아윌 **두** 마이 베스트

▶ do one's best : 최선을 다하다

Part 4 부탁

01 부탁할 때

1 _ 부탁 하나 들어주시겠어요?
Could you do me a favor?
쿠 쥬 두 미 어 페이버

▶ do ~ favor : ~를 위해 힘쓰다, ~의 청을 들어주다

2 _ 개인적인 부탁 하나 들어주실래요?
Can you do me a personal favor?
캔 유 두 미 어 퍼-스널 페이버

▶ personal : 개인의, 자신의, 사적인

3 _ 당신에게 부탁할 게 있습니다.
I need to ask you to do me a favor.
아이 니잇 투 애스 큐 투 두 미 어 페이버

▶ 만약 도움을 청하는 말을 한다면 I need to ask for your help. 라고 말할 수 있습니다.

4 _ 꼭 들어주셨으면 합니다.
Please say yes.
플리-즈 쎄이 예스

▶ Don't say no.라고 해도 비슷한 표현입니다.

기본 표현 02

5 _ 돈 좀 빌려주실래요?

Would you lend me some money?

우 쥬 랜드 미 썸 머니

▶ '~해 주시겠어요?' 하고 상대방에 무언가를 부탁할 때에는 Would you ~?라는 표현을 쓸 수 있습니다.

6 _ 이것 좀 가지고 계시겠어요?

Would you hold this for me?

우 쥬 호울드 디스 포 미

▶ hold : 손에 들다, 갖고 있다

7 _ 이 서류 좀 타이핑해 주시겠어요?

Would you please type these documents?

우 쥬 플리-즈 타잎 디-즈 다큐먼츠

8 _ 제 가방 좀 봐 주시겠어요?

Can you keep an eye on my bag?

캔 유 키 펀 아이 온 마이 백

▶ keep an eye on ~는 '감시하다, 유의하다'의 뜻으로 위의 표현은 잠깐 자리를 비울 때 쓸 수 있는 표현입니다.

9 _ 창문 좀 닫아 주실래요?

Could you close the window?

쿠 쥬 클로우즈 더 윈도우

02 부탁을 들어줄 때

1 _ 물론이죠.
Sure.
슈어

▶ 상대방의 부탁을 흔쾌히 승낙할 때 쓸 수 있는 표현으로 부탁의 내용을 물을 때는 What is it?이라고 하면 됩니다.

2 _ 좋아요.
All right. / OK.
올 라잇 / 오케이

3 _ 말씀해 보세요.
Go ahead.
고우 어헤드

▶ Go ahead.는 상대방이 무언가를 부탁하려 할 때 '어서 말해 봐.' 라는 의미로 쓸 수 있습니다.

4 _ 기꺼이 그러겠습니다.
I'd be glad to.
아이드 비 글랫 투

5 _ 무엇이 필요한지 말씀만 하세요.
All you have to do is tell me what you need.
올 유 햅 투 두 이즈 텔 미 왓 유 니-드

기본 표현 02

03 부탁을 거절할 때

1 _ 미안해요, 들어줄 수 없겠어요.

I'm sorry, I can't.

아임 쏘리 아이 캔트

2 _ 안 될 것 같아요.

I'd rather not.

아이드 래더 낫

▶ would rather는 '오히려 ~하고 싶다'는 뜻인데 위의 표현은 not이 붙었으니 '별로 하고 싶지 않다'는 의미입니다.

3 _ 그것을 할 만한 시간이 없어요.

I don't have enough time to do that.

아이 돈 해브 이너프 타임 투 두 댓

4 _ 저에게 무리한 부탁을 하시는군요.

You're asking too much.

유어 애스킹 투- 머취

▶ ask too much : 무리한 부탁을 하다

5 _ 지금은 좀 힘들겠는데요.

Not this time.

낫 디스 타임

Part 5 도움 주고 받기

01 도움을 요청할 때

1 _ 도와주세요!

Help me!
헬프 미

2 _ 당신의 도움이 필요합니다.

I need your help.
아이 니 쥬어 헬프

▶ 만약에 상대방의 조언이 필요하다면 I need your advice.라고 말하면 됩니다.

3 _ 좀 도와주시겠어요?

Could you give me some help?
쿠 쥬 깁 미 썸 헬프

▶ 일반적으로 의문문에서는 some을 쓰지 않고 any를 쓰지만 상대방의 긍정의 대답을 기대할 때에는 some을 씁니다.

4 _ 도움을 청해도 괜찮겠습니까?

Would you mind helping me?
우 쥬 마인드 헬핑 미

▶ 상대방에게 정중하게 부탁을 하거나 허락을 구할 때에는 Would you mind ~?라는 표현을 쓸 수 있습니다.

5 _ 숙제하는 것을 도와주시겠어요?

Could you help me with my homework?

쿠 쥬 헬프 미 위드 마이 홈워-크

▶ '내가 ~하는 것을 도와주시겠어요?' 라는 말은 Could you help me with ~?라는 표현을 쓰면 됩니다.

6 _ 이것 좀 거들어 주시겠어요?

Will you give me a hand with this?

윌 유 깁 미 어 핸드 위드 디스

02 도와 주고 싶을 때

1 _ 도와드릴까요?

Can I help you?

캔 아이 헬프 퓨

▶ 만약에 '도움이 필요한가요?' 라는 말을 하려면 Do you need any help?라고 하면 됩니다.

2 _ 내가 무엇을 해 드릴까요?

What would you like me to do?

왓 우 쥬 라익 미 투 두우

3 _ 언제라도 도와줄게요.

I'm ready to help.

아임 레디 투 헬그

4 _ 말만 하세요. 도와 드릴게요.

Just say the word. I'll help you.
저스트 쎄이 더 워-드 아일 헬 퓨

▶ say the word : 바라는 바를 이야기하다, 명령하다

5 _ 제가 당신을 위해 해 드리겠습니다.

Let me do it for you.
렛 미 두 잇 포 유

▶ 상대방에게 무언가를 해 줄 때 Let me ~.라는 표현을 쓸 수 있습니다.

03 도움 승낙 및 사양

1 _ 고마워요. 매우 친절하시군요.

Thank you. That's very kind of you.
땡 큐 댓츠 베리 카인드 오 뷰

2 _ 아, 그렇게 해 주실래요? 고마워요.

Oh, would you? Thanks.
오우 우 쥬 때앵스

3 _ 도움을 주신다니 매우 친절하시군요.

It's very kind of you to offer.
잇츠 베리 카인드 오 뷰 투 오-퍼

기본 표현 02

4 _ 우리를 이렇게 도와주셔서 정말 고마워요.

Thank you for stopping to help us.

땡 큐 포 스탑핑 투 헬프 어스

5 _ 큰 도움이 됐습니다.

You've been so helpful.

유브 빈 쏘우 헬프펄

6 _ 아니요, 나 혼자 할 수 있습니다.

No, thank you. I can manage.

노우 땡 큐 아이 캔 매니쥐

▶ 상대방의 도움 제의나 호의에 대해 거절할 때에는 No, thank you.라는 표현을 쓰면 됩니다.

7 _ 괜찮습니다. 그마워요.

That's all right. Thank you.

댓츠 올 라잇 땡 큐

8 _ 저 혼자서 할 수 있어요.

I can do it by myself.

아이 캔 두 잇 바이 마이셀프

9 _ 아니요. 걱정하지 마세요.

No. Don't worry about it.

노우 돈 워-리 어바웃 잇

Part 6 허락

01 허락을 구할 때

1 _ 실례합니다. 좀 지나가도 될까요?

Excuse me. Can I get through?

익스큐-즈 미 캔 아이 겟 뜨루

▶ get through : ~을 통과하다, 지나가다

2 _ 제가 화장실을 좀 써도 될까요?

Would you mind if I used your bathroom?

우 쥬 마인드 이프 아이 유스드 유어 배쓰룸

▶ 상대방에게 허락을 구할 때에는 Would you mind ~?, Can I ~?, I wonder if I could ~? 등의 표현을 쓸 수 있습니다.

3 _ 담배를 피워도 괜찮을까요?

Do you mind if I smoke?

두 유 마인드 이프 아이 스모우크

▶ mind가 '꺼리다, 싫어하다' 라는 뜻이므로 '펴도 좋다' 는 No, I don't mind.로, '피지 말아라' 는 Yes, I do.로 말하면 됩니다.

4 _ 여기다 내 짐을 놔둬도 될까요?

Can I leave my stuff here?

캔 아이 리-브 마이 스터프 히어

▶ leave : 남기다, 두고 가다   stuff : 가진 물건, 소지품

기본 표현 02

5 _ 전화 좀 써도 될까요?

Could I use the phone?

쿳 아이 유-즈 더 포운

6 _ 내가 오늘 한 시간 일찍 가도 되겠습니까?

Is it okay if I go home an hour early today?

이즈 잇 오케이 이프 아이 고우 호움 언 아우어 어얼리 터데이

▶ Is it okay if I ~?도 허락을 구할 때 쓸 수 있는 표현입니다.

7 _ 문을 닫아도 될까요?

Is it okay to close the door?

이즈 잇 오케이 투 클로우즈 더 도어

8 _ 이것 좀 빌려도 될까요?

Can I borrow this?

캔 아이 바로우 디스

▶ 돈을 내지 않고 빌리는 경우에는 borrow, 돈을 내고 빌리는 것은 rent를 씁니다.

9 _ 며칠 동안 당신 차를 좀 빌려 주시겠습니까?

Would you mind lending me your car for a few days?

우 쥬 마인드 렌딩 미 유어 카아 포 어 퓨- 데이즈

▶ few는 부정관사 a가 붙으면 긍정의 뜻으로 '조금은 있는'의 뜻이고 a가 없으면 부정의 뜻으로 '거의 없는'의 뜻이 됩니다.

02 허락할 때

1 _ 그럼요.
Go ahead.
고우 어헤드

2 _ 저는 상관없습니다.
I wouldn't mind.
아이 우든 마인드

▶ 이 표현은 Would you mind ~?(~해도 괜찮을까요?) 하고 상대방이 물었을 때 허락을 나타내는 표현입니다.

3 _ 저는 괜찮습니다.
It's all right with me.
잇츠 올 라잇 위드 미

4 _ 얼마든지요.
Be my guest.
비 마이 게스트

5 _ 여기 있습니다.
Here you go.
히어 유 고우

▶ 상대방에게 무언가를 건네줄 때에는 Here you go., Here it is., Here you are. 등의 표현을 쓰면 됩니다.

기본 표현 02

6 _ 얼마든지 그러세요.

Help yourself, please.

헬 퓨어셀프 플리-즈

▶ help yourself : 좋을 대로 하다

7 _ 마음대로 하세요.

Take everything.

테익 에브리뜽

03 거절할 때

1 _ 글쎄요, 그렇게 안 했으면 좋겠습니다.

Well, I'd rather you didn't.

웨엘 아이드 라더 유 디든트

2 _ 미안하지만 안 되겠습니다.

I'm sorry, you can't.

아임 쏘리 유 컨트

3 _ 미안하지만, 안 돼!

Sorry. No way!

쏘리 노 웨이

▶ No way.는 상대방의 제안이나 요구에 '천만의 말씀, 안 돼' 하고 거절할 때 쓰이는 표현입니다.

67

Part 7 길 묻기와 안내

01 길을 물을 때

1 _ 길을 좀 물어봐도 될까요?

Can I ask you for directions?

캔 아이 애스크 유 포 디렉션즈

2 _ 여기서 한국은행은 어떻게 가야 합니까?

How can I get to The BANK OF KOREA from here?

하우 캔 아이 겟 투 더 뱅크 오브 커리어 프럼 히어

▶ '~는 어떻게 가야 합니까?' 하고 길을 물을 때에는 How can I get to ~.라는 표현을 쓸 수 있습니다.

3 _ 한국은행에 가는 길을 알려 주시겠습니까?

Could you tell me how to get to The BANK OF KOREA?

쿠 쥬 텔 미 하우 투 겟 투 더 뱅크 오브 커리어

▶ Could you tell me how to get to ~?도 누군가에게 길을 물을 때 쓸 수 있는 표현입니다.

4 _ 좀 더 자세히 알려 주실 수 있습니까?

Could you tell me in more detail?

쿠 쥬 텔 미 인 모어 디-테일

기본 표현 02

5 _ 약도를 그려 주시겠습니까?

Could you draw me a map?

쿠 쥬 드로- 미 어 맵

6 _ 얼마나 걸릴까요?

How long will it take?

하우 로옹 윌 잇 테이크

▶ '여기서 먼가요?' 라는 말은 How far is it from here?로 말할 수 있습니다.

7 _ 지름길이 있나요?

Is there a shortcut?

이즈 데어 러 쇼옷컷

02 길을 알려줄 때

1 _ 계속 똑바로 가세요.

Keep going straight.

키입 고잉 스트레이트

2 _ 두 블록을 가서 왼쪽으로 도세요.

Go down two blocks and turn left.

고우 다운 투- 블럭스 앤 턴 레프트

▶ turn left[right] : 왼쪽[오른쪽]으로 돌다

3 _ 두 번째 신호등에서 좌회전을 하세요.
Turn left at the second light.
턴 레프트 앳 더 쎄컨 라잇

4 _ 길을 따라 바로 내려가면 있어요.
It's just down the street.
잇츠 **저스트** 다운 더 **스트릿**

5 _ 저기 큰 건물이 보이죠?
Do you see the tall building over there?
두 **유** 씨 더 **톨** 빌딩 오버 데어

▶ over there : 저쪽에, 저기에, 저 너머에

6 _ 그 도로변에 은행이 보일 거예요.
You'll see a bank by that road.
유윌 **씨–** 어 **뱅크** 바이 댓 **로우드**

7 _ 은행을 지나서 있습니다.
It's past the bank.
잇츠 **패스트** 더 **뱅크**

8 _ 틀림없이 찾을 수 있을 겁니다.
You can't miss it.
유 캔트 미스 잇

▶ miss : 놓치다, 빗맞히다, 빠뜨리다

기본 표현 02

03 위치를 물을 때

1 _ 실례합니다, 브라운 박사의 사무실이 어디죠?

Excuse me, where is Doctor Brown's office?

익스큐-즈 미 웨어 이즈 닥터 브라운즈 오-피스

2 _ 이 건물에 약국이 있습니까?

Is there a drugstore in this building?

이즈 데어 러 드럭스토어 인 디스 빌딩

3 _ 이 층에 공중 전화가 있습니까?

Is there a pay phone on this floor?

이즈 데어 러 페이 포운 온 디스 플로어

04 위치를 알려줄 때

1 _ 복도 끝까지 가서 왼쪽으로 도세요.

Go to the end of the hall and turn left.

고우 투 디 엔드 오브 더 호올 앤 턴 레프트

2 _ 3층까지 걸어 올라가세요.

Walk up the stairs to the third floor.

워-크 업 더 스테어즈 투 더 써드 플로어

71

3 _ 당신 오른쪽으로 3번째 사무실입니다.

It's the third office on your right.
잇츠 더 **써드** 오-피스 온 유어 **라잇**

4 _ 2층에 있습니다.

It's on the second floor.
잇츠 온 더 **쎄컨드** 플로어

▶ '지하 2층에 있다'는 It's on B2.라고 말하면 됩니다.

05 잘 모를 때

1 _ 죄송합니다만, 잘 모르겠습니다.

I'm sorry, I don't know.
아임 **쏘**리 아이 돈 **노**우

2 _ 저도 이 지역은 잘 몰라요.

I'm not familiar with this area.
아임 **낫** 퍼밀리어 위드 디스 **에**리어

▶ familiar with ~ : ~를 잘 아는, 정통한

3 _ 저 역시 여기는 초행입니다.

I'm new around here, too.
아임 **뉴** 어라운드 히어 **투**우

알아 두면 좋은 영단어

⊙ 방향 관련 단어

east	이-스트	동
west	웨스트	서
south	싸우쓰	남
north	노-쓰	북
forward	포-워드	앞으로
backward	백우드	뒤로
right	라이트	오른쪽
left	레프트	왼쪽
up	업	위로
down	다운	아래로
in	인	안에
out	아웃	밖에
side	싸이드	옆
middle	미들	중간
across	아크로-스	맞은편에
near	니어	가까이에
sign	싸인	표시

알아 두면 좋은 영단어

⊙ 가족 관련 단어

grandfather 그랜드**파**-더	할아버지
grandmother 그랜드**머**-더	할머니
father **파**-더	아버지
mother **머**-더	어머니
son **썬**	아들
daughter **도**-터	딸
uncle **엉**클	숙부
aunt **앤**트	숙모
nephew **네**퓨-	남조카
niece **니**-스	여조카
father-in-law **파**-더인 로-	시아버지, 장인
mother-in-law **머**더인로-	시어머니, 장모
householder **하**우스홀더	가장
maternal aunt **머터**-널 **앤**트	이모
paternal aunt **파터**-널 **앤**트	고모
brother-in-law **브라**더인로-	형부
sister-in-law **씨**스터인로-	처제

약속과 시간

PART 1. 약속
PART 2. 시간과 날짜, 요일
PART 3. 재촉과 여유

Part 1 약속

01 만남을 제안할 때

1 _ 내일 시간 있어요?

Do you have time tomorrow?

두 유 햅 타임 터**모**-로우

▶ 약속이 있냐고 물을 때에는 Do you have any appointment tomorrow?라고 하면 됩니다.

2 _ 이번 주말에 무슨 계획이 있어요?

Do you have any plans for this weekend?

두 유 햅 애니 플랜즈 포 디스 **위**-켄드

3 _ 오늘 저녁에 무슨 할 일이 있습니까?

Are you doing anything this evening?

아 유 두잉 애니띵 디스 **이**브닝

▶ 여기서 this는 때를 가리켜 '오늘, 현재, 지금'이라는 뜻입니다.

4 _ 오늘 저녁 시간 좀 내주시겠어요?

Would you spare me some time this evening?

우 쥬 스페어 미 썸 타임 디스 **이**브닝

▶ 만약 무언가 상의할 일이 있다면 I'd like to discuss something with you.라고 하면 됩니다.

5 _ 영화 보러 가실래요?

Would you like to go to the movies?

우 쥬 라익 투 고우 투 더 무-비즈

▶ 상대방에게 '~하시겠어요?' 하고 정중하게 제안을 할 때에는 Would you like to ~?라는 표현을 쓸 수 있습니다.

6 _ 오늘 저녁 술 한잔 어때요?

How about a drink tonight?

하우 어바웃 어 드링크 터나잇

02 만남 제의에 대한 대답

1 _ 아직까지는 아무 계획이 없습니다.

I don't think I've got anything planned yet.

아이 돈 띵크 아이브 갓 애니띵 플랜드 옛

2 _ 특별한 약속 없어요.

I have no particular engagements.

아이 햅 노우 퍼티큘러 인게이즈먼츠

3 _ 미안합니다만 그 날은 다른 약속이 있어요.

I'm afraid I have another appointment for that day.

아임 어프레이드 가이 햅 어나더 어포인먼트 포 댓 데이

4 _ 미안하지만 오늘은 선약이 있어요.

I'm sorry I'm booked up today.

아임 쏘리 아임 **북**드 업 터데이

▶ be booked up : 선약이 있다, 틈이 없다, 바쁘다

5 _ 12시에 점심 약속이 있습니다.

I have a lunch date at 12.

아이 해 버 **런**취 데잇 앳 트웰브

6 _ 이번 주엔 안 되는데 다음 주는 어때요?

I can't this week, but how about next week?

아이 캔트 디스 **위**-크 벗 하우 어바웃 넥스트 위-크

03 시간과 장소를 정할 때

1 _ 언제가 가장 편하시겠어요?

When would it be most convenient for you?

웬 우드 잇 비 모스트 컨**비**-니언트 포 유

▶ What's a good time for you?라고 해도 비슷한 표현입니다.

2 _ 7시가 어때요?

How about seven o'clock?

하우 어바웃 **쎄**번 어클라악

약속과 시간 **03**

3 _ 7시에 만날까요?

Shall we make it 7 p.m.?

쉘 위 메이 킷 쎄번 피-엠

▶ make it은 구어에서 '만나기로 하다'라는 뜻으로 종종 쓰입니다.

4 _ 7시면 괜찮겠어요?

Is seven o'clock all right?

이즈 쎄번 어클럭 올 라잇

5 _ 어디에서 만나면 좋겠어요?

Where do you want to meet?

웨어 두 유 원 투 미잇트

6 _ 만날 만한 좋은 장소가 있어요?

Is there a good place to meet?

이즈 데어 러 굿 플레이스 투 밋

7 _ 7시에 교보문고 앞에서 만나요.

I'll see you at 7 o'clock in front of Kyobo Book Centre.

아윌 씨- 유 앳 쎄번 어클락 인 프런트 오브 교보 북 센터

8 _ 6시 정각에 당신을 태우러 갈게요.

I'll pick you up at 6 o'clock.

아윌 픽 큐 업 앳 씩스 어클라악

04 약속의 확인 · 변경 · 취소

1 _ 오늘 저녁 만나기로 한 거 아직 변동 없죠?

Are we still on for this evening?

아 위 스틸 온 포 디스 이-브닝

▶ be on for : 참가하다

2 _ 오늘 저녁 같이 먹는 거 잊지 않았죠?

You didn't forget about dinner tonight, right?

유 디든 퍼겟 어바웃 디너 터나잇 라잇

3 _ 좀 일찍 만나는 게 어때요?

Why don't you make it a little earlier?

와이 돈 유 메이 킷 어 리를 어얼리어

▶ little은 부정관사 a가 붙으면 '약간의' 라는 긍정의 뜻을 갖고 a가 없으면 '거의 없다' 는 부정의 뜻을 가집니다.

4 _ 한 시간 앞당길 수 있을까요?

Can we move it up an hour?

캔 위 무-브 잇 업 언 아워

5 _ 약속을 8시로 바꾸고 싶어요.

I'd like to change the time to 8 o'clock.

아이드 라익 투 췌인지 더 타임 투 에잇 어클라악

6 _ 당신이 괜찮다면 조금 늦게 만났으면 하는데요.

I'd rather make it just a little bit later if you don't mind.

아이드 래더 메이 킷 저스트 어 리를 빗 레이러 이 퓨 돈 마인드

7 _ 미안하지만 우리 약속을 연기해야 할 것 같습니다.

I'm afraid we have to push back our appointment.

아임 어프레이드 위 햅 투 푸쉬 백 아워 어포인먼트

▶ push back 뒤로 밀어내다

8 _ 급한 일이 생겼어요.

Something urgent came up.

썸띵 어-전트 케임 업

05 약속 시간에 늦을 때

1 _ 그 사람 왜 안 오죠?

Why isn't he coming?

와이 이즌트 히 커밍

2 _ 지금쯤이면 도기 와 있어야 하는데요.

He was supposed to be here by now.

히 워즈 서포우즈드 투 비 히어 바이 나우

3 _ 어떻게 된 거에요? 우리 7시에 만나기로 했잖아요.
What happened? We were supposed to meet at 7.
왓 해펀드 위 워 서**포**우즈드 투 밋 앳 **쎄**번

4 _ 언제쯤 올 수 있겠어요?
How soon can I expect you?
하우 순 캔 아이 익스**펙**트 유

5 _ 금방 갈 거에요.
I'll be right there.
아윌 비 **라**잇 데어

▶ '거의 다 왔다' 라는 말은 I'm almost there.라고 하면 됩니다.

6 _ 10분 정도 더 걸릴 것 같아요.
I'm guessing another 10 minutes.
아임 **게**싱 어나더 **텐** 미니츠

7 _ 끝나는 대로 바로 갈게요.
I'll hurry over as soon as I'm finished.
아윌 **허**-리 오우버 애즈 **순** 애즈 아임 **피**니쉬드

8 _ 조금 늦는다고 하는군요.
He told me he was going to be late.
히 **토**올드 미 히 워즈 **고**잉 투 비 **레**잇

06 늦은 이유를 말할 때

1 _ 왜 이렇게 늦었어요?

What took you so long?
왓 투크 유 쏘우 로옹

> ▶ 만약 '1시간 동안 기다렸다'라는 말을 한다면 I've been waiting for you an hour.라고 말하면 됩니다.

2 _ 무슨 일이 있었어요? 걱정하고 있었어요.

What happened? I was getting worried.
왓 해펀드 아이 워즈 게링 워-리드

3 _ 늦어서 미안해요.

I'm sorry I'm late.
아임 쏘리 아임 레잇

4 _ 교통 체증에 걸렸어요.

I got stuck in traffic.
아이 갓 스턱 인 트래픽

> ▶ stuck in traffic : 교통이 막힌, 정체된

5 _ 장소를 잘못 찾아갔어요.

I went to the wrong place.
아이 웬트 투 더 로옹 플레이스

Part 2 시간과 날짜, 요일

01 시간 묻고 말하기

1 _ 실례합니다. 몇 시입니까?

Excuse me . Can you tell me the time?

익스큐-즈 미 캔 유 텔 미 더 타임

▶ 시간을 묻는 표현은 What time is it?, Do you have the time? 등이 있습니다.

2 _ 3시 10분입니다.

It's ten after three. / It's three ten.

잇츠 텐 애프터 뜨리이 / 잇츠 뜨리이 테엔

3 _ 3시 15분입니다.

It's a quarter after three. / It's three fifteen.

잇츠 어 쿼-러 애프터 뜨리이 / 잇츠 뜨리이 핍프틴

▶ quarter는 4분의 1이란 뜻이니 15분을 말합니다.

4 _ 3시 30분입니다.

It's half past three. / It's three thirty.

잇츠 해프 패스트 뜨리이 / 잇츠 뜨리이 써어리

▶ 30분도 '반'을 의미하는 half를 써서 표현하기도 합니다.

약속과 시간 **03**

5 _ 3시 45분입니다.

It's three forty-five.
잇츠 뜨리이 포리 파이브

6 _ 4시 15분 전입니다.

It's a quarter to four.
잇츠 어 쿼-러 투 포어

7 _ 4시입니다.

It's four o'clock.
잇츠 포 어클라악

02 날짜와 요일을 말할 때

1 _ 오늘이 며칠이죠?

What's the date today?
왓츠 더 데잇 티데이

▶ 만약에 1월 10일이라고 말한다면 January tenth 라고 하면 됩니다. 그리고 날짜를 말할 때에는 서수를 쓴다는 것을 알아 두세요.

2 _ 오늘이 무슨 날이죠?

What's the occasion?
왓츠 디 어케이션

▶ 여기서 occasion은 '특별한 일, 행사' 라는 뜻입니다.

3 _ 오늘이 무슨 공휴일이죠?
What holiday is it today?
왓 할러데이 이즈 잇 터데이

▶ '법정 휴일'은 legal holiday, '국경일'은 national holiday, '공휴일'은 public holiday라고 표현합니다.

4 _ 다음 주 월요일이 며칠인가요?
What date is next Monday?
왓 데잇 이즈 넥스트 먼데이

5 _ 모레가 무슨 날인가요?
What's the day after tomorrow?
왓츠 더 데이 애프터 터모-로우

6 _ 오늘이 무슨 요일이죠?
What day of the week is it today?
왓 데이 오브 더 위-크 이즈 잇 터데이

7 _ 몇 월이죠?
What month is it?
왓 먼쓰 이즈 잇

8 _ 생일이 언제예요?
When is your birthday?
웬 이 쥬어 버-쓰데이

Part 3 재촉과 여유

01 서두르라고 말할 때

1 _ 서두르세요.

Hurry up!
허-리 어업

▶ hurry up 서두르다, 재촉하다, 속도를 높이다

2 _ 서둘러 주시겠어요? 제가 좀 급합니다.

Can you hurry, please? I'm in a hurry.
캔 유 허-리 플리-즈 아임 인 어 허-리

▶ in a hurry : 허둥지둥, 급히

3 _ 빨리 하세요. 늦겠어요.

Come on, we're going to be late.
컴 어언 위어 고잉 투 비 레잇

▶ come on이 구어에서 명령형으로 쓰이면 '자, 가자, 덤벼라, 제발, 빨리 빨리' 등의 뜻을 가지기도 합니다.

4 _ 왜 이렇게 오래 걸려요?

What's taking you so long?
왓츠 테이킹 유 쏘우 로옹

▶ What's holding you up?이라고 해도 비슷한 표현입니다.

02 여유를 가지라고 할 때

1 _ 천천히 하세요.

Take your time.
테이 큐어 타임

▶ take time : 천천히 하다, 시간이 걸리다

2 _ 천천히 하세요. 서두를 필요 없어요.

Take it easy. We don't have to rush
테이 킷 이-지 위 돈 햅 투 러쉬

▶ rush : 서두르다, 돌진하다, 급히 행동하다

3 _ 뭐가 그렇게 급하세요?

What's the hurry?
왓츠 더 허-리

4 _ 너무 조급하게 굴지 마세요.

Don't be so impatient.
돈 비 쏘우 임페이션트

▶ impatient : 성급한, 조급한, 참을성이 없는

5 _ 진정하세요.

Calm down.
컴 다운

알아 두면 좋은 영단어

◉ 시간 관련 단어 - 1

Sunday	썬더이	일요일
Monday	먼데이	월요일
Tuesday	튜-즈데이	화요일
Wednesday	퀸즈데이	수요일
Thursday	떠-즈데이	목요일
Friday	프라이데이	금요일
Saturday	새터데이	토요일
January	재뉴어리	1월
February	페부쿼리	2월
March	마-취	3월
April	에이프럴	4월
May	메이	5월
June	준	6월
July	줄-라이	7월
August	오-거스트	8월
September	셉템버	9월
October	악토우버	10월

알아 두면 좋은 영단어

⊙ 시간 관련 단어 - 2

November	노우벰버	11월
December	디셈버	12월
yesterday	예스터데이	어제
today	터데이	오늘
tomorrow	터모-로우	내일
morning	모-닝	오전
noon	누운	정오
afternoon	애프터누-운	오후
evening	이-브닝	저녁
night	나이트	밤
midnight	미드나이트	자정
last week	래스트 위-크	지난 주
this week	디스 위-크	이번 주
next week	넥스트 위-크	다음 주
from today on	프럼 터데이 온	오늘부터
the next day	더 넥스트 데이	그 다음날
the night before	더 나이트 비포	그 전날 밤

4장

초대와 방문

PART 1. 초대
PART 2. 손님맞이

Part 1 초대

01 초대 제의를 할 때

1 _ 이번 금요일에 시간이 있습니까?

Do you have time this Friday?

두 유 해브 타임 디스 프라이데이

▶ 상대방에게 '~에 시간이 있습니까?' 하고 물을 때에는 Do you have time ~?, Are you free ~? 등으로 말할 수 있습니다.

2 _ 우리 집에 저녁 식사하러 오시겠어요?

Would you like to come to my house for dinner?

우 쥬 라익 투 컴 투 마이 하우스 포 디너

▶ Would you like to ~?는 '~하시겠어요?' 라는 표현으로 상대방을 초대할 때 쓸 수 있는 표현입니다.

3 _ 오늘 저녁에 파티를 하는데 오실래요?

We're having a party tonight. Can you come?

위어 해빙 어 파-티 터나잇 캔 유 컴

4 _ 아내와 아이들도 데려 오세요.

Bring your wife and children, too.

브링 유어 와이프 앤드 췰드런 투우

초대와 방문 04

5 _ 내일 영화표가 두 장 있는데 같이 갈래요?

I have 2 tickets for tomorrow's movie. Shall we go together?

아이 햅 투 티킷츠 포 터모-로우즈 무비 쉘 위 고우 터게더

6 _ 톰과 나는 오늘밤 만나기로 했어요. 같이 만날래요?

Tom and I are getting together tonight. Do you want to join us?

탐 앤 아이 아 게링 터게더 터나잇 두 유 원 투 조인 어스

7 _ 나와 커피 한 잔 같이 하시겠어요?

Would you like to join me for a coffee?

우 쥬 라익 투 조인 미 포 러 커-피

---

02 초대에 응할 때

1 _ 고마워요. 그렇게 할게요.

Thank you. I'd love to.

땡 큐 아이드 러브 투

▶ I'd love to.는 상대방의 초대에 기꺼이 응하겠다는 표현입니다.

2 _ 그거 좋죠.

That sounds great.

댓 싸운즈 그레잇

3 _ 초대해 주셔서 고맙습니다.

Thank you for inviting me.

땡 큐 포 인**바**이링 미

4 _ 몇 시에 가야 되나요?

What time do I have to be there?

왓 타임 두 아이 햅 투 비 데어

5 _ 제가 뭐 가져갈 것 없나요? 와인 한 병을 가져가면 어때요?

Should I bring anything? How about a bottle of wine?

슈드 아이 브링 **에**니띵 **하**우 어바웃 어 바를 오브 **와**인

03 초대를 거절할 때

1 _ 미안하지만 갈 수 없을 것 같아요.

Sorry, but I'm afraid I can't

쏘리 벗 아임 어프레이드 아이 **캔**트

▶ 상대방에게 부드럽게 유감을 나타낼 때에는 I'm afraid라는 표현을 쓸 수 있습니다.

2 _ 그렇게 하고 싶지만 안 되겠어요. 일을 해야 될 것 같아요.

I'd love to, but I can't. I might have to work.

아이드 러브 투 벗 아이 **캔**트 아이 **마**잇 햅 투 **워**-크

초대와 방문 04

3 _ 고맙지만 갈 수 없을 것 같습니다.

Thank you, but I don't think I can make it.

땡 큐 벗 아이 돈 띵크 아이 캔 메이 킷

4 _ 미안하지만 선약이 있습니다.

I'm sorry, but I have a previous engagement.

아임 쏘리 벗 아-이 해 버 프리-비어스 인게이쥐먼트

5 _ 그날은 곤란합니다.

That's a bad day for me.

댓츠 어 배앳 데이 포 미

6 _ 그날 밤에 공항으로 내 여동생을 데리러 가야 합니다.

I have to pick my sister up from the airport that night.

아이 햅 투 픽 미이 씨스터 업 프럼 디 에어폿 댓 나이트

7 _ 유감이군요, 당신을 만났으면 했는데요.

That's too bad, I was looking forward to seeing you.

댓츠 투 배앳 아디 워즈 룩킹 포-워드 투 씨-잉 유

8 _ 다음에 가죠. 어쨌든 고맙습니다.

Maybe some other time. Thank you anyway.

메이비 썸 아더 트-임 땡 큐 애니웨이

Part 2 손님 맞이

01 손님을 맞이할 때

1 _ 저희 집에 오신 걸 환영합니다.

Welcome to my home.
웰컴 투 마이 호움

▶ '~에 온 것을 환영한다' 라는 표현은 Welcome to ~.라는 표현을 쓸 수 있습니다.

2 _ 어서 들어 오세요.

Please, come on in.
플리-즈 컴 온 이인

▶ come on in : (명령문) 자, 들어 오세요.

3 _ 코트를 이리 주세요.

Let me take your coat.
렛 미 테이 큐어 코우트

▶ '내가 ~해 줄게요.' 하고 상대방에 무언가를 해줄 때 Let me ~.라는 표현을 쓸 수 있습니다.

4 _ 여기에 앉으세요.

Please take a seat, here.
플리-즈 테이 커 씨잇 히어

▶ take [have] a seat : 앉다, 착석하다

5 _ 편하게 있으세요.
Please, make yourself at home.
플리-즈 메이 큐어셀프 앳 호움

▶ at home : 마음 편히, 편히

6 _ 와 주셔서 정말 기쁩니다.
I'm so glad you could come.
아임 쏘우 글랫 유 쿠드 커엄

7 _ 여기 오시는데 불편하지 않았어요?
Did you have any trouble getting here?
디 쥬 해브 에니 트러블 게링 히어

8 _ 뭐 마실 것 좀 드릴까요?
Would you like something to drink?
우 쥬 라익 썸띵 투 드링크

9 _ 커피 한 잔 주시겠어요?
Can I have a cup of coffee?
캔 아이 해 너 컵 오브 커-피

10 _ 과자 좀 드세요.
Have some snacks.
햅 썸 스낵스

02 집을 구경시켜 줄 때

1 _ 집을 좀 구경해도 될까요?

Do you mind if I look around your house?

두 유 마인드 이프 아이 룩 어라운드 유어 하우스

▶ look around : 주위를 살펴보다

2 _ 집 구경을 시켜드릴게요.

I'll take you on a tour of the house.

아윌 테이 큐 온 어 투어 오브 더 하우스

3 _ 여기가 제 방입니다.

This is my room.

디스 이즈 마이 루움

▶ 거실은 living room, 화장실은 bathroom, 부엌은 kitchen, 정원은 garden이라고 말하면 됩니다.

4 _ 집이 정말 좋네요.

You have a beautiful house.

유 해 버 뷰-러펄 하우스

5 _ 모든 게 잘 정돈되어 있군요.

Everything is set so perfectly.

에브리띵 이즈 셋 쏘우 퍼-펙틀리

03 식사를 대접할 때

1 _ 저녁이 준비됐습니다. 식당으로 가시죠.

Dinner's ready. Let's move to the dining room.

디너즈 레디 렛츠 무-브 투 더 다이닝 루움

2 _ 많이 드세요.

Help yourself, please.

헬 퓨어셀프 플리-즈

▶ help oneself는 '하고 싶은 대로 하라' 라는 뜻으로 식사할 때 이 표현을 쓰면 '마음껏 드세요.' 라는 뜻이 됩니다.

3 _ 모든 게 맛있어 보이는데요.

Everything looks delicious.

에브리띵 룩스 딜리셔스

▶ delicious : 맛 좋은, 맛있는

4 _ 천천히 드세요.

Take your time eating.

테이 큐어 타임 이-팅

5 _ 필요하신 게 있으면 말씀하세요.

Let me know if you need anything.

렛 미 노우 0 프 유 니-드 에니띵

6 _ 이 음식 좀 드셔 보세요.
Try some of this.
트라이 썸 오브 디스

▶ 상대방에게 '~을 해 보세요.' 라는 말은 try라는 동사를 쓸 수 있습니다.

7 _ 맛이 어떠세요?
How does it taste?
하우 더즈 잇 테이스트

8 _ 더 드세요.
Please have seconds.
플리-즈 해브 쎄컨즈

▶ 더 청해서 먹는 음식은 seconds라고 표현합니다. Have some more, please., Would you like some more?라고 해도 비슷한 표현입니다.

9 _ 많이 드셨으면 억지로 드시진 마세요.
Don't force yourself if you've had enough.
돈 포-스 유어셀프 이프 유브 해드 이너프

▶ force : 억지로 ~시키다, 강요하다

10 _ 배가 부릅니다. 더 이상 아무것도 못 먹겠습니다.
I am full. I can't eat anything more.
아이 앰 푸울 아이 캔트 잇 에니띵 모어

04 손님을 배웅할 때

1 _ 이제 갈 시간이 됐네요.

I think it's time for me to leave.
아이 띵크 잇츠 타임 포 미 투 리-브

▶ 비슷한 표현은 I've got to go., I must go. 등이 있습니다.

2 _ 좀 더 계시지 그러세요?

Why don't you stay a little longer?
와이 돈 츄 스떼이 어 리를 롱거

▶ '~하는 거 어때요?' 하고 상대방에게 가볍게 제안을 할 때에는 Why don't you ~?라는 표현을 쓰면 됩니다.

3 _ 정말 지금 가야 합니까? 아직 이른 시간인데요.

Are you sure you have to leave now? It's still early.
아 유 슈어 유 햅 투 리-브 나우 잇츠 스틸 어얼리

4 _ 훌륭한 저녁 식사 감사합니다.

Thank you for a lovely dinner.
땡 큐 포 러 러브리 디너

5 _ 집으로 초대해 주셔서 고맙습니다.

Thanks for inviting us into your home.
땡스 포 인비-팅 어스 인투 유어 호움

6 _ 즐거운 시간이 됐나요?
Did you have a good time?
디 쥬 해 버 굳 타임

7 _ 다음에는 우리 집에 놀러 오세요.
Next time, come over to our house.
넥스트 타임 컴 오버 투 아워 하우스

8 _ 당신 가족에게 안부 전해 주세요.
Give my regards to your family.
기브 마이 리가즈 투 유어 패멀리

▶ Give my regards to ~.는 '~에게 안부 전해 주세요.' 라는 표현입니다.

9 _ 잘가요. 또 오세요.
Good-bye. Come again soon.
굳 바이 컴 어겐 수운

10 _ 운전 조심하세요.
Drive carefully.
드라이브 케어플리

11 _ 차로 집까지 데려다 줄게요.
I'll drive you home.
아윌 드라이브 유 호움

알아 두면 좋은 영단어

◉ 집 관련 단어

house 하우스	집
room 룸	방
kitchen 키츤	주방
bedroom 베드룸	침실
living room 리빙 룸	거실
dining room 다이닝 룸	식당
first floor 퍼-스트 플로어	1층
second floor 쎄컨드 플로어	2층
stair 스테어	계단
floor 플로어	마루
basement 베이스먼트	지하실
study 스터디	서재
window 윈도우	창문
garden 가-든	정원
door 도-어	문
yard 야-드	마당
porch 포-취	현관

알아 두면 좋은 영단어

⊙ 화장실 관련 단어

bathroom 배쓰룸	화장실(가정용)
rest room 레스트 룸	화장실(공공 장소)
men's room 맨즈 룸	남자용 화장실
ladies' room 레이디즈 룸	여성용 화장실
bathroom sink 배쓰룸 씽크	세면대
mirror 미러	거울
soap 쏘웁	비누
shampoo 샴푸-	샴푸
lotion 로우션	로션
mop 맙	자루걸레
toothbrush 투-쓰블러쉬	칫솔
comb 코움	빗
hair drier 헤어 드라이어	헤어 드라이어
razor 레이저	면도기
towel 타월	수건
tissue 티슈-	화장지
bathtub 배쓰터브	욕조

5장 대화의 소재

PART 1. 일반적인 화제
PART 2. 사람에 관한 화제
PART 3. 날씨에 관한 화제

Part 1 일반적인 화제

01 출신과 사는 곳에 대해

1 _ 어디 출신이세요?

Where are you from?
웨어 아 유 프러엄

▶ 상대방의 출신을 물을 때에는 Where are you from?, Where do you come from?이라고 말하면 됩니다.

2 _ 미국에서 왔습니다.

I'm from the United States.
아임 프럼 디 유나이티드 스테이츠

▶ I'm from ~.은 자기의 출신을 말할 때 쓸 수 있는 표현입니다.

3 _ 미국 어디에서 왔나요?

Where in the United States?
웨어 인 디 유나이티드 스테이츠

▶ 구체적인 도시명을 물을 때 Where in ~?이라는 표현을 쓸 수 있습니다.

4 _ 서울에는 얼마 동안 사셨어요?

How long have you lived in Seoul?
하우 로옹 해브 유 리이브드 인 서울

▶ 사는 곳을 묻는다면 Where do you live?라고 하면 됩니다.

5 _ 여기 사시는 것은 어떠세요?

How do you like living here?

하우 두 우 라익 리빙 히어

6 _ 이따금씩 고향이 그립습니다.

I get homesick at times.

아이 겟 호움시크 앳 타임즈

▶ homesick : 고향을 그리워하는, 향수병의

02 학력과 직업에 대해

1 _ 어느 대학을 다녔습니까?

Where did you go to college?

웨어 디 쥬 고우 투 칼리쥐

2 _ 저는 한국대학을 졸업했습니다.

I'm a graduate of Hankook University.

아임 어 그래쥬에잇 오브 한국 유너버써리

▶ graduate는 '졸업생'이라는 뜻으로 미국에서는 보통 각종 학교의 졸업생을 말하고 영국에서는 학위를 딴 대학 졸업생을 말합니다.

3 _ 전공이 무엇이었습니까?

What was your major?

왓 워 쥬어 메이저

4 _ 경영학을 전공했습니다.
I majored in Business Administration.
아이 **메이저**드 인 **비**지니스 애드미너스트**레**이션

> '~을 전공했다.' 라는 말은 I majored in ~., I specialized in ~. 등의 표현을 쓸 수 있습니다.

5 _ 직업이 무엇입니까?
What do you do for a living?
왓 두 유 두 포 어 **리**빙

6 _ 저는 네오북스에 근무합니다.
I'm with Neobooks.
아임 위드 네오북스

> '~에서 근무한다' 라는 말은 I'm with ~.나 I work for ~.라고 표현하면 됩니다.

7 _ 저는 영업부의 책임자입니다.
I'm in charge of the sales department.
아임 인 **챠**쥐 오브 더 **쎄**일즈 디**파**트먼트

> in charge of : ~을 맡고 있는, 담당의

8 _ 저는 지금 쉬고 있습니다.
I'm unemployed at the moment.
아임 언임플**로**이드 앳 더 **모**우먼트

> unemployed : 일이 없는, 실직한, 실업자의

03 가족에 대해

1 _ 당신 가족에 대해 말해 줄래요?

Can you tell me about your family?

캔 유 텔 미 어바웃 유어 패멀리

▶ 상대방에게 어떤 정보를 얻고 싶을 때에는 Can you tell me ~? 라는 표현을 쓸 수 있습니다.

2 _ 가족은 도두 몇 명인가요?

How many are there in your family?

하우 매니 아 데어 인 유어 패멀리

3 _ 형제나 누이가 있습니까?

Do you have any brothers or sisters?

두 유 해브 애니 브라더스 오어 씨스터즈

4 _ 형과 여동생이 있습니다.

I have a brother and a sister.

아이 해브 어 브라더 앤 어 씨스터

▶ 만약 형제가 없고 혼자라면 I'm an only child.라는 표현을 쓸 수 있습니다.

5 _ 결혼해서 아이 둘이 있습니다.

I'm married and have two children.

아임 매어리드 앤 해브 투- 췰드런

04 나이에 대해

1 _ 나이를 물어봐도 될까요?

Do you mind if I ask your age?

두 유 마인드 이프 아이 애스 큐어 에이쥐

> 서양인들은 애인이 있나?, 결혼은 했나?, 나이는 몇인가? 등의 사적인 질문을 꺼리는 경향이 있으니 초면의 외국인에게는 주의해야 합니다.

2 _ 제가 몇 살로 보이나요?

How old do I look?

하우 오울드 두 아이 루욱

3 _ 저는 27살입니다.

I'm 27 years old.

아임 트웬티 쎄번 이어즈 오울드

4 _ 나이보다 젊어 보이시네요.

You look young for your age.

유 룩 영 포 유어 에이쥐

> for one's age : 나이치고는

5 _ 저와 나이가 같군요.

You're my age.

유어 마이 에이쥐

Part 2 사람에 관한 화제

01 외모에 대해

1 _ 아름다우시군요.

You're beautiful.
유어 **뷰**-러펄

> ▶ beautiful은 아름다움을 나타내는 가장 일반적인 말이고 잘 생긴 남자에게는 handsome, 비슷한 뜻으로 남녀 모두에게 쓸 수 있는 말은 good-looking이 있습니다.

2 _ 너 너무 귀엽다!

You are so cute!
유 아 **쏘우 큐**-트

> ▶ 아이나 물건 등이 귀여울 때는 cute라는 표현을 쓸 수 있습니다.

3 _ 몸매가 좋으시네요.

You're in good shape.
유어 인 **굿 쉐잎**

> ▶ in goood shape : (몸의) 상태가 좋은

4 _ 어떻게 몸매를 유지하세요?

How do you keep in shape?
하우 두 유 키 핀 **쉐잎**

> ▶ keep in shape : 모양을 유지하다

02 복장에 대해

1 _ 오늘 근사해 보이네요.

You look nice today.
유 룩 나이스 터데이

2 _ 양복이 당신과 잘 어울립니다.

Your suit looks good on you.
유어 수웃 룩스 굳 언 유

▶ '~가 당신에게 잘 어울린다' 라는 말은 ~ look(s) good on you. 라는 표현을 쓸 수 있습니다.

3 _ 셔츠가 당신과 정말 잘 어울리네요.

Your shirt really goes well with you.
유어 셔트 리얼리 고우즈 웰 위드 유

▶ go well with : 잘 어울리다

4 _ 입고 있는 드레스가 정말 예쁘네요!

What a lovely dress you're wearing!
왓 어 러브리 드레스 유어 웨어링

5 _ 옷에 대한 안목이 대단하세요.

You have such good taste in clothes.
유 해브 써취 굳 테이스트 인 클로우즈

▶ taste : 심미안, 맛, 취미

대화의 소재 **05**

03 사람을 묘사할 때

1 _ 당신 여자친구는 어떻게 생겼나요?

What does your girlfriend look like?

왓 더즈 유어 걸프렌드 룩 라이크

▶ look like : ~처럼 보이다, ~와 비슷하다

2 _ 그녀는 키가 나 정도예요.

She's about my height.

쉬즈 어바웃 마이 하이트

▶ 키는 height, 몸무게는 weight라고 합니다.

3 _ 그녀는 길고 곧은 검은 머리를 하고 있습니다.

She's got long straight black hair.

쉬즈 갓 로옹 스트레잇 블랙 헤어

▶ 구어에서는 have의 뜻으로 have got이 흔히 쓰입니다.

4 _ 그는 나보다 키가 조금 커요.

He's a little taller than me.

히즈 어 리를 톨러 댄 미이

5 _ 그는 다소 살이 쪘어요.

He's kind of heavy.

히즈 카인드 오브 헤비

04 성격에 대해

1 _ 그의 성격은 어때요?

What's he like?
왓츠 히 라이크

2 _ 매우 외향적이에요.

He's really outgoing.
히즈 리얼리 아웃고잉

▶ 성격이 외향적이면 outgoing이라는 표현을 쓰면 되고 부끄럼을 잘 탄다면 He's too shy.라고 말할 수 있습니다.

3 _ 여자한테 아주 잘해 줍니다.

He's good with the ladies.
히즈 굳 위드 더 레이디즈

4 _ 그녀는 아주 말괄량이에요.

She's a real tomboy.
쉬즈 어 리얼 탐보이

▶ 남자처럼 행동하는 여자를 tomboy라고 표현합니다.

5 _ 사람들이 그가 아주 친절하다고 합니다.

Everybody says he's very friendly.
에브리바디 쎄즈 히즈 베리 프렌들리

▶ 엄격하다면 He's very strict.라고 말할 수 있습니다.

05 여가와 취미

1 _ 여가 시간에는 무엇을 하세요?

What do you do in your spare time?

왓 두 유 두 인 유어 스페어 타임

2 _ 나는 컴퓨터 게임하는 것을 좋아합니다.

I like to play computer games.

아이 라익 트 플레이 컴퓨러 게임즈

▶ '~하는 것을 좋아한다' 라는 말은 I like to ~.르 말하면 됩니다.

3 _ 취미가 뭡니까?

Do you have any hobbies?

두 유 해브 애니 하비즈

4 _ 낚시를 아주 즐깁니다.

I enjoy fishing very much.

아이 인조이 피슁 베리 머취

▶ '~하는 것을 즐기다' 라는 말은 enjoy -ing라는 표현을 쓸 수 있습니다.

5 _ 수공예품어 흥미가 있습니다.

I'm interested in handicrafts.

아임 인터러스티드 인 핸디크래프츠

▶ be interested in : ~에 흥미가 있는   handicraft : 수공예품

Part 3 날씨에 관한 화제

01 날씨에 대해

1 _ 오늘 날씨가 어때요?
What's the weather like today?
왓츠 더 웨더 라익 터데이

▶ 밖의 날씨를 묻는다면 What's the weather like out?이라고 말하면 됩니다.

2 _ 덥고 습기 차요.
It's hot and humid.
잇츠 하앗 앤 휴미드

▶ 날씨나 공기 등이 습기가 있을 때는 humid라는 표현을 쓸 수 있습니다.

3 _ 화창합니다.
It's sunny and mild.
잇츠 써니 앤 마일드

▶ sunny and mild : 화창한

4 _ 계속 비가 와요.
It's still raining.
잇츠 스틸 레이닝

▶ 춥고 눈이 온다면 It's cold and snowy.라고 말하면 됩니다.

대화의 소재 05

5 _ 비가 내릴 것만 같아요.

It looks like it's going to rain.
잇 룩스 라이 잇츠 고잉 투 레인

02 일기예보에 대해

1 _ 내일은 날씨가 어떨 것 같아요?

What's the weather going to be like tomorrow?
왓츠 더 웨더 고잉 투 비 라익 터마-로우

2 _ 일기예보 들으셨어요?

Did you hear the weather forecast?
디 쥬 히어 더 웨더 포-캐스트

▶ weather forecast : 일기 예보

3 _ 일기예보에 의하면 내일은 비가 온다고 합니다.

According to the weather forecast it will rain tomorrow.
어코딩 투 더 웨더 포-캐스트 잇 윌 레인 터마-로우

▶ according to : ~에 따라, ~에 의하면

4 _ 라디오에서는 화창할 거라고 합니다.

The radio says sunny and mild.
더 레이디오우 쎄즈 써니 앤 마일드

117

알아 두면 좋은 영단어

⊙ 날씨 관련 단어

sunny 써니	날씨가 좋은
warm 워엄	따뜻한
hot and dry 핫 앤드 드라이	덥고 건조한
moisture 모이스처	습기
rainy season 레이니 씨-즌	장마철
snowstorm 스노우스톰	눈보라
cool 쿨	서늘한
mild 마일드	온화한
muggy 머기	몹시 더운
tropical night 트라피컬 나이트	열대야
rain storm 레인 스톰	폭풍우
snowfall 스노우폴	강설량
typhoon warning 타이푼 워-닝	태풍 경보
cloudy 클라우디	흐린
windy 윈디	바람이 센
gloomy 글루-미	음침한
fickle 피클	변덕스러운

대화 나누기

PART 1. 대화 나누기
PART 2. 대화의 기술
PART 3. 이해의 확인

Part 1 대화 나누기

01 대화를 시작할 때

1 _ 잠깐 뵐 수 있을까요

May I see you for a few minutes?
메이 아이 **씨** 유 포- 러 퓨- **미닛츠**

▶ 상대방에게 '잠깐 시간이 있어요?' 하고 묻는 말은 Do you have a minute?, You got a minute? 등으로 말할 수 있습니다.

2 _ 어디 가서 커피 한 잔 마시며 얘기할까요?

Shall we talk over a cup of coffee somewhere?
쉘 위 **토**-크 오버 어 컵 오브 **커**-피 **썸**웨어

▶ talk over : ~에 관해 의논하다

3 _ 당신과 상의하고 싶은 일이 좀 있습니다.

There's something I'd like to discuss with you.
데어즈 **썸**띵 아이드 **라**익 투 디스**커**스 위드 유

4 _ 어디 가서 이야기 좀 합시다.

Let's go some place to talk.
렛츠 고우 썸 플레이스 투 **토**-크

02 용건을 물을 때

1 _ 무슨 말을 하시고 싶은 거죠?

What would you like to say?
왓 우 쥬 라으 투 쎄이

2 _ 나에게 어떤 말을 하고 싶은 거에요?

What do you want to talk to me about?
왓 두 유 원트 토옥 투 미 어바웃

▶ 그냥 짧게 What about?이라고 물을 수도 있습니다.

3 _ 할 말이 있으면 하세요.

Tell me what you have to say.
텔 미 왓 유 햅 투 쎄이

4 _ 왜 말하는 것을 망설이죠?

Why are you hesitating to tell me?
와이 아 유 헤지테이팅 투 텔 미

▶ hesitate : 주저하다, 망설이다

5 _ 말을 돌리지 말고 요점을 말하세요.

Don't beat around the bush, get to the point.
돈 빗 어라운드 더 부쉬 겟 투 더 포인트

▶ beat around bush : 에둘러 말하다

03 솔직히 말할 때

1 _ 솔직하게 말해 보세요.

Talk straight, please.

토옥 스트레잇 플리-즈

▶ 여기서 straight는 부사로 '솔직하게, 기탄없이' 라는 뜻입니다.

2 _ 나에게 편안하게 말해 보세요.

Feel free to talk to me.

필 프리 투 **토옥** 투 미

▶ feel free to : 마음대로 ~해도 좋다

3 _ 솔직하게 말할게요.

I'll talk to you frankly.

아윌 **토옥** 투 유 프랭클리

4 _ 당신에게 아주 솔직하게 얘기하고 있어요.

I'm being very honest with you.

아임 **비**잉 베리 **아**니스트 위드 유

▶ be honest with : ~에게 정직하게 터놓다

5 _ 정말이에요. 믿어 주세요.

I'm telling you. Trust me.

아임 **텔**링 유 트러스트 미

04 처음 듣는 말일 때

1 _ 그런 말은 들어본 적이 없어요.

I've never heard of such a thing.
아이브 네버 허드 오브 써취 어 띠잉

▶ 전혀 몰랐다면 I don't know at all.이라고 하면 됩니다.

2 _ 어디서 들었어요?

Where did you hear that?
웨어 디 쥬 히어 댓

3 _ 소문으로 들었어요.

It was hearsay.
잇 워즈 히어-세이

▶ '소문으로 들었어요.'라는 말은 은유적으로 A little bird told me.라고 말할 수 있습니다.

4 _ 정말이에요?

Are you sure?
아 유 슈어

▶ Are you serious?라고 해도 비슷한 의미의 표현입니다.

5 _ 믿을 수 없는 이야기군요.

It is an incredible story.
잇 이즈 언 인크레더블 스토-리

05 비밀로 할 때

1 _ 내가 말한 것을 비밀로 해 주세요.

Keep quite about what I said.
킵 콰이엇 어바웃 왓 아이 쎄드

2 _ 비밀로 해 줄 수 있겠어요?

Can you keep a secret?
캔 유 킵 어 씨-크리트

▶ keep a secret : 비밀을 지키다

3 _ 누구에게도 말하면 안 됩니다.

You must not tell anybody.
유 머스트 낫 텔 애니바디

4 _ 걱정 마세요. 입을 다물고 있을게요.

No problem. My lips are sealed.
노우 프라블럼 마이 립스 아 씨일드

▶ seal : (눈, 입술 등을) 봉하다, 꼭 닫다

5 _ 입 밖에 내지 않겠습니다.

I won't spill the beans.
아이 원트 스필 더 비인즈

▶ spill the beans : 비밀을 털어놓다, 자백하다

Part 2 대화의 기술

01 대화 중간에 끼어들 때

1 _ 잠깐 말씀을 드려도 될까요?

May I interrupt you?

메이 아이 인터럽트 유

▶ interrupt : (말 등을) 도중에서 방해하다

2 _ 실례합니다. 말씀 중에 죄송하지만 ….

Excuse me. I'm sorry to interrupt, but ….

익스큐-즈 미 아임 쏘리 투 인터럽트 벗

▶ 대화를 하는 도중에 끼어들 때에는 I'm sorry to interrupt, but ~.이라는 표현을 쓰면 됩니다.

3 _ 말씀 중에 대단히 죄송합니다.

Please forgive me for interrupting.

플리-즈 퍼깁 미 포- 인터럽팅

▶ 괜찮다면 Not at all.이라고 하면 됩니다.

4 _ 방해가 되지 않았기를 바랍니다.

I hope I'm not disturbing you.

아이 호웁 아임 낫 디스터빙 유

▶ disturb : 방해하다, 폐를 끼치다

02 맞장구를 칠 때

1 _ 맞아요!

That's right!

댓츠 라잇

▶ 상대방의 말에 동의를 하거나 맞장구를 칠 때에는 That's right!, You're right!, Right! 등으로 표현할 수 있습니다.

2 _ 나도 그렇게 생각해요.

I think so.

아이 띵 쏘우

3 _ 내 말이 그 말입니다!

You said it!

유 쎄드 잇

▶ You said it.은 '내가 해야 할 말은 네가 했다'라는 의미의 말로 격의 없는 사이에서 쓸 수 있는 표현입니다.

4 _ 두 말 하면 잔소리죠!

You can say that again!

유 캔 쎄이 댓 어게인

5 _ 그래요?

Is that so?

이즈 댓 쏘우

03 말문이 막히거나 주제를 바꿀 때

1 _ 뭐랄까 …,

Let me see …,
렛 미 씨

▶ 대화 도중에 말문이 막혀 자기가 생각하고 있다는 것을 나타내는 표현은 well, hmm, let me see 등의 표현을 쓸 수 있습니다.

2 _ 그러니까, 내 말은 …,

Well, I mean …,
웨엘 아이 미인

3 _ 생각 좀 할게요.

Let me think.
렛 미 띵크

4 _ ‥, 그런데 …

…, by the way …
바이 더 웨이

▶ by the way는 어떤 이야기를 하다가 '그런데' 하고 화제를 전환할 때 쓸 수 있는 표현입니다.

5 _ 주제를 잠시 바꿔 보면, …

Just to change the subject for a moment, …
저스트 투 췌인쥐 더 써브직트 포 러 모우먼트

04 질문을 할 때

1 _ 질문 하나 해도 될까요?

May I ask you a question?

메이 아이 애스 큐 어 퀘스천

▶ 만약에 '사적인 질문을 해도 될까요?'라는 말을 하고 싶다면
May I ask you a personal question?이라고 말하면 됩니다.

2 _ 몇 가지 물어볼 게 있습니다.

I have something to ask you.

아이 해브 썸띵 투 애스 큐

3 _ 몇 가지 구체적인 질문을 드리겠습니다.

Let me ask you some specific questions.

렛 미 애스 큐 썸 스피시픽 퀘스천즈

▶ specific : 구체적인, 명확한

4 _ 질문이 한 가지 더 있습니다.

I have one more question.

아이 해브 원 모어 퀘스천

5 _ 저 간판의 뜻은 뭐예요?

What's that sign mean?

왓츠 댓 싸인 미-인

▶ sign : 간판(signboard)

6 _ ASAP는 무슨 뜻입니까?

What does ASAP stand for?

왓 더즈 에이에스에이피 스탠드 포

▶ ASAP : as soon as possible의 약자(가능한 한 곧)

7 _ 그게 무슨 뜻이에요?

What do you mean by that?

왓 두 유 미-인 바이 댓

8 _ 이것을 영어로 뭐라고 하죠?

What's this called in English?

왓츠 디스 콜드 인 잉글리쉬

▶ 만약에 단어의 철자를 물어본다면 How do you spell the word?라고 말하면 됩니다.

9 _ 이 장치는 뭐에 쓰는 거예요?

What is the gadget for?

왓 이즈 더 개짓 포

▶ 어떤 것에 대한 이유나 용도를 물을 때에는 What ~ for?라는 표현을 쓸 수 있습니다.

10 _ 그것은 무엇으로 만들었나요?

What is it made of?

왓 이즈 잇 데이드 어브

05 설명을 요청할 때

1 _ 저에게 그것을 설명해 주시겠습니까?

Could you explain that for me?
쿠 쥬 익스플레인 댓 포 미

2 _ 그것을 좀 더 자세하게 설명해 주시겠습니까?

Could you explain that in a little more detail?
쿠 쥬 익스플레인 댓 인 어 리를 모어 디-테일

▶ a little more : 조금 더 in detail : 자세하게

3 _ 명확하게 말씀해 주십시오.

Tell it to me clearly.
텔 잇 투 미 클리어리

▶ '간단하게 말해 주세요.'는 Make it simple.이라고 하면 됩니다.

4 _ 누구에게 물어봐야 합니까?

Who do I have to ask?
후 두 아이 햅 투 애스크

5 _ 무슨 일이 일어났는지 자세히 설명해 보세요.

Try to describe exactly what happened.
트라이 투 디스크라이브 이그잭틀리 왓 해펀드

06 설명을 할 때

1 _ 제가 명백하게 설명하겠습니다.

Let me clarify that for you.
렛 미 클래러파이 댓 포 유

▶ clarify : 명백하게 설명하다

2 _ 할 수 있는 한 명확하게 설명하겠습니다.

I'll make it as clear as I can.
아윌 메이 킷 애즈 클리어 애즈 아이 캐앤

▶ as ~ as I can : 할 수 있는 한

3 _ 어떻게 설명해야 할지 모르겠군요.

I don't know how to put it.
아이 돈 노우 하우 투 풋 잇

4 _ 영어로 설명하려니 어렵군요.

It's hard to explain it in English.
잇츠 하아드 투 익스플레인 잇 인 잉글리쉬

5 _ 다르게 설명할 방법이 없습니다.

I can't explain it any other way.
아이 캔트 익스플레인 잇 애니 아더 웨이

▶ any other way : 다른 방법으로

07 대답을 못할 때

1 _ 잘 모르겠어요.

I don't know.
아이 돈 노우

▶ I have no idea.라고 해도 비슷한 표현입니다.

2 _ 뭐라고 대답해야 좋을지 모르겠군요.

I don't know how to answer.
아이 돈 노우 하우 투 앤써

3 _ 지금 당장은 대답할 수 없어요.

I can't answer that at the moment.
아이 캔트 앤써 댓 앳 더 모우먼트

▶ at the moment : 당장에는, 현재, 바로 지금

4 _ 답변하고 싶지 않군요.

I don't want to answer that.
아이 돈 원 투 앤써 대앳

▶ 만약에 '더 이상 질문하지 마세요.'라는 말을 하고 싶다면 No more questions.으로 표현하면 됩니다.

5 _ 미안하지만 그게 제가 아는 전부입니다.

I'm sorry, that's all I know.
아임 쏘리 댓츠 올 아이 노우

Part 3 이해의 확인

01 이해의 확인

1 _ 이해하겠어요?

Do you understand?

두 유 언드스탠드

▶ 비슷한 의미의 표현은 Do you follow me?, Do you get me?, Got it? 등이 있습니다.

2 _ 내가 하고 있는 말을 이해하겠어요?

Do you know what I'm talking about?

두 유 노우 왓 아임 토-킹 어바웃

3 _ 지금까지 한 말을 알겠어요?

Are you with me so far?

아 유 위드 미 쏘우 파

▶ be with는 흔히 부정문이나 의문문에서 '이해하다'라는 의미로 쓰이기도 합니다. so far는 '지금까지'라는 뜻입니다.

4 _ 이해했나요?

Have you got it?

해브 유 갓 잇

▶ get은 여러 가지의 의미가 있지만 여기에서는 '이해하다, 알아듣다'라는 뜻입니다.

02 이해했을 때와 못했을 때

1 _ 이해했어요.

I understand.
아이 언더스탠드

▶ 상대방의 말을 이해했다면 I understand., I see., I got it. 등의 표현을 쓰면 됩니다.

2 _ 당신이 무슨 말을 하는지 알겠어요.

I know what you're talking about.
아이 노우 왓 유어 토-킹 어바웃

3 _ 이제야 무슨 뜻인지 알겠어요.

Now I know what you mean.
나우 아이 노우 왓 유 미인

4 _ 이해가 안 됩니다.

I don't understand.
아이 돈 언더스탠드

5 _ 미안하지만 당신의 요점을 잘 이해할 수 없군요.

I'm sorry, but I don't quite understand your point.
아임 쏘리 벗 아이 돈 콰잇 언더스탠 쥬어 포인트

▶ point : (사물·문제의) 요점, 중점

03 되물을 때

1 _ 뭐라고 하셨어요?

Excuse me?

익스큐-즈 미

▶ 말을 잘 못 알아들었을 때 '뭐라고 하셨어요?' 라는 말은 Excuse me?, 또는 I'm sorry?라고 하면서 문장 끝을 올리면 됩니다.

2 _ 죄송하지만 다시 말씀해 주시겠어요?

I beg your pardon?

아이 베 규어 파든

▶ 상대방의 말을 되물을 때 쓰는 표현으로 구어에서는 Beg your pardon?, Pardon?으로 줄여 쓰기도 합니다.

3 _ 미안합니다. 뭐라고 하셨죠?

Sorry. What did you say?

쏘리 왓 ㄷ 쥬 쎄이

4 _ 미안합니다. 당신의 말을 잘 못 들었습니다.

I'm sorry, I didn't hear what you said.

아임 쏘리 아이 디든 히어 왓 유 쎄드

5 _ 다시 말씀해 주시겠어요?

Could you repeat what you said?

쿠 쥬 리피딧 왓 유 쎄드

알아 두면 좋은 영단어

⊙ 색깔 관련 단어

red 레드	빨간색
scarlet 스칼-릿	주홍색
orange 오-린쥐	주황색
pink 핑크	분홍색
purple 퍼-플	자주색
yellow 옐로우	노랑색
gold 골드	황금색
amber 앰버	호박색
green 그린	초록색
blue 블루-	청색
indigo 인디고우	남색
violet 바이올릿	보라색
white 화이트	흰색
silver 실버	은색
gray 그레이	회색
black 블랙	검은색
brown 브라운	갈색

7장

감정의 표현

PART 1. 기쁨과 즐거움
PART 2. 근심과 걱정
PART 3. 슬픔과 위로
PART 4. 분노와 실망
PART 5. 비난과 다툼
PART 6. 불평과 불만
PART 7. 놀라움과 두려움

Part 1 기쁨과 즐거움

01 기쁜 소식을 들었을 때

1 _ 그 소식을 들으니 매우 기쁘군요.

I'm glad to hear that.

아임 글랫 투 히어 댓

▶ 비슷한 의미의 표현은 I'm pleased to hear about it., That's a good news. 등이 있습니다.

2 _ 그 말을 들으니 말로 표현할 수 없을 만큼 기쁘군요.

I can't tell you how happy I am to hear that.

아이 캔트 텔 유 하우 해피 아이 앰 투 히어 댓

3 _ 도무지 믿어지지가 않아요!

What an incredible feeling!

왓 언 인크레더블 필링

▶ incredible : 놀라운, 대단한, 훌륭한

4 _ 정말 잘 됐어요!

Good for you!

굳 포 유우

▶ 만약 너무 기뻐서 만세를 외친다면 Hurrah! 또는 Bravo!라고 하면 됩니다.

02 기쁠 때

1 _ 너무 기뻐요!

I'm so happy!
아임 쏘우 해피

▶ so는 '매우, 대단히' 라는 뜻으로 구어에서 자주 쓰입니다.

2 _ 기뻐서 날아갈 것 같았어요.

I jumped for joy.
아이 점프드 포 조이

▶ I'm flying.이라고 해도 비슷한 의미의 표현이 됩니다.

3 _ 나는 아주 기분이 좋아요.

I feel like a million dollars.
아이 필 라이 커 밀리언 달러즈

▶ like a million dollars : 매우 기분이 좋은, 기분 최고의

4 _ 너무 기뻐서 무슨 말을 해야 할지 모르겠어요.

I'm so happy, I don't know what to say.
아임 쏘우 해피 아이 돈 노우 왓 투 쎄이

5 _ 내 인생에서 가장 행복한 날이에요.

This is the happiest day of my life.
디스 이즈 더 해피이스트 데이 오브 마이 라이프

Part 2 근심과 걱정

01 상대방이 근심이 있어 보일 때

1 _ 기운이 없어 보이네요.

You look down.
유 룩 다운

▶ down은 형용사로 '의기소침한, 기운 없는'의 뜻입니다. You don't look so good.이라고 해도 위와 비슷한 표현이 됩니다.

2 _ 걱정되는 일이라도 있으세요?

Do you have something on your mind?
두 유 해브 썸띵 온 유어 마인드

3 _ 무슨 일이에요?

What's going on?
왓츠 고잉 어언

▶ 비슷한 의미의 표현은 What's wrong?, What's the matter? 등이 있습니다.

4 _ 왜 그렇게 우울한 표정이에요?

Why the long face?
와이 더 로옹 페이스

▶ 사람은 우울하거나 시무룩하면 얼굴이 길어 보인다고 해서 우울해 보이는 표정을 long face라고 표현합니다.

5 _ 무슨 문제가 있어요?
Is there something wrong?
이즈 데어 썸씽 롱

6 _ 무슨 일로 그렇게 기분이 언짢으세요?
What has made you so unhappy?
왓 해즈 메이드 유 쏘우 언해피

02 걱정을 말할 때

1 _ 나는 우울해요.
I feel gloomy.
아이 필 글루미

2 _ 걱정거리가 좀 있어요.
I'm worried about something.
아임 워-리드 어바웃 썸띵

▶ be worried about ~ : ~에 대해 걱정하다

3 _ 잠을 거의 자지 못했어요.
I couldn't sleep a wink.
아이 쿠든 슬립 어 윙크

▶ a wink는 보통 부정문에서 '(잠을) 아주 조금, 순식간'의 뜻으로 쓰입니다.

03 긴장하거나 초조할 때

1 _ 긴장이 됩니다.

I'm nervous.
아임 너-버스

2 _ 너무 긴장해서 손에 땀이 나요.

I'm so nervous my hands are sweaty.
아임 쏘우 너-버스 마이 핸즈 아 스웨리

3 _ 가슴이 두근두근거려요.

I've got butterflies in my stomach.
아이브 갓 버러플라이 인 마이 스터먹크

▶ have butterflies in my stomach는 뱃속에 나비가 날아다니는 것 같이 가슴이 울렁거린다는 뜻으로 긴장되거나 초조할 때 쓰이는 표현입니다.

4 _ 왜 그렇게 안절부절 못하세요?

Why are you so uptight?
와이 아 유 쏘우 업타이트

uptight : 초조해하는, 긴장한, 불안한

5 _ 진정하세요.

Calm down. / Relax.
커엄 다운 / 릴랙스

Part 3 슬픔과 위로

01 슬플 때

1 _ 너무 슬퍼요.

I'm so sad.

아임 쏘우 쌔드

▶ 만약에 슬퍼서 '마음이 아파요.'라고 한다면 I'm heartbroken. 이란 표현을 쓸 수 있습니다.

2 _ 울고 싶어요.

I feel like crying.

아이 필 라익 크라잉

▶ I feel like ~.는 '~하고 싶은 기분이다'라는 뜻으로 자기의 감정이나 기분을 나타낼 때 쓸 수 있습니다.

3 _ 아무것도 하고 싶은 생각이 없어요.

I don't feel like doing anything.

아이 돈 필 라익 두잉 애니띵

4 _ 비참한 기분이에요.

I feel miserable.

아이 필 미저러블

▶ miserable : 불쌍한, 비참한

143

5 _ 나는 희망이 없어요.

I feel so hopeless.

아이 필 쏘우 **호우프리스**

▶ hopeless : 희망이 없는, 절망한

6 _ 세상이 끝날 것처럼 느껴져요.

I feel like the world is coming to an end.

아이 필 라익 더 **워얼드** 이즈 커밍 투 언 **엔드**

▶ come to an end는 '끝나다' 라는 말로 end 앞에 happy를 붙여 come to an happy end라고 하면 '결과가 좋게 되다' 라는 뜻이 됩니다.

7 _ 난 더 갈 곳이 없습니다.

I have nowhere to go.

아이 해브 **노우웨어** 투 고우

8 _ 나는 이제 어떻게 하면 되나요?

What am I supposed to do?

왓 엠 아이 써**포**우즈드 투 **두우**

▶ be supposed to ~ : ~하기로 되어 있다

9 _ 슬프군요.

I'm in mourning.

아임 인 **모오닝**

▶ mourn : (불행 등을) 슬퍼하다, (죽은 사람을) 애도하다

02 위로할 때

1 _ 너무 걱정하지 마세요.

Don't worry too much.

돈 워-리 투 머취

▶ 만약에 '너무 우울해 하지 마세요.' 라는 말을 하고 싶다면 Don't get too down. 이라고 말하면 됩니다.

2 _ 그런 일에 실망하지 마세요.

Don't be disappointed about such a thing.

돈 비 디써포인티드 어바웃 써취 어 띠잉

3 _ 너무 심각하게 받아들이지 마세요.

Don't take it so seriously.

돈 테이 킷 쏘우 씨리어슬리

▶ '그냥 잊어버리세요.'는 Forget it. 이라고 말하면 됩니다.

4 _ 마음 놓으세요. 별일 아니니까요.

Relax. It's nothing serious.

릴랙스 잇츠 낫띵 씨리어스

▶ relax : (긴장을) 풀게 하다, 편하게 하다

5 _ 모든 것이 다 잘될 거예요.

Everything will be fine.

에브리띵 윌 비 파인

6 _ 좋아질 거예요. 걱정하지 마세요.

There are sunny days ahead. Don't worry about it.

데어 아 써니 데이즈 어헤드 **돈 워**-리 어바웃 잇

▶ There are sunny days ahead.는 '맑은 날이 앞에 있다'는 뜻이니 근심 또는 슬픔에 젖어 있는 사람을 위로할 때 쓸 수 있는 표현입니다.

7 _ 내가 당신 곁에 있어 줄게요.

I'll be there for you.

아윌 비 데어 포 유

03 격려할 때

1 _ 포기하지 마세요.

Don't give up.

돈 기브 어업

2 _ 결코 늦지 않았어요.

It's never too late.

잇츠 네버 투- 레이트

3 _ 당신 자신을 믿으세요.

Believe in yourself.

빌리-브 인 유어**쎌**프

4 _ 용기를 내세요!

Keep your courage up!

킵 유어 커-리쥐 어업

> ▶ 용기라는 말은 courage와 bravery가 있는데 courage는 보통 정신적인 것을 강조하고 bravery는 드러난 행동을 강조하는 표현입니다.

5 _ 당신은 틀림없이 할 수 있을 겁니다.

I'm sure you can make it.

아임 슈어 유 캔 메이 킷

6 _ 마음을 편히 가지세요.

Keep your mind at ease.

킵 유어 마인드 앳 이-즈

> ▶ at ease : 마음 편하게, 여유 있게

7 _ 시간은 좀 걸리겠지만, 당신은 이겨 낼 수 있을 겁니다.

It'll take time, but you'll overcome it.

잇윌 테익 타임 벗 유윌 오버컴 잇

> ▶ overcome : 이겨내다, 극복하다

8 _ 긍정적으로 생각하세요.

Think positive.

띵크 파저티브

Part 4 분노와 실망

01 화가 날 때

1 _ 정말 화가 나네.
I'm really angry.
아임 리얼리 앵그리
▶ '화가 나다' 라고 할 때 구어에서는 종종 mad를 쓰기도 합니다.

2 _ 정말 화가 나요.
That's so offensive.
댓츠 쏘우 어펜시브
▶ offensive : 화가 나는, 참을 수 없는, 불쾌한

3 _ 당신 때문에 미치겠어요.
You drive me crazy.
유 드라이브 미 크레이지
▶ drive는 angry, mad, crazy 등과 같이 쓰여 '화나게 하다' 라는 의미로 쓰입니다.

4 _ 어떻게 그렇게 무례할 수가 있어요?
How rude can you be?
하우 루-드 캔 유 비이
▶ rude : 버릇 없는, 무례한

5 _ 더 이상 참을 수 없어요.

I can't stand it any more.

아이 캔트 스탠드 잇 에니 모어

▶ stand는 부정문이나 의문문에서 '참다, 견디다' 의 뜻으로 쓰이기도 합니다.

6 _ 참는 것도 한도가 있어요.

My patience is worn out.

마이 페이션스 이즈 워언 아웃

▶ wear out : 닳아 없어지게 하다

7 _ 귀찮게 좀 하지 마세요.

Stop bothering me.

스탑 바더링 미

8 _ 저런 사람들은 정말 날 화나게 합니다.

People like that really aggravate me.

피플 라익 댓 리얼리 애그러베이트 미

▶ aggravate는 '악화시키다' 라는 뜻인데 구어에서는 '화나게 하다, 괴롭히다' 라는 뜻으로 쓰이기도 합니다.

9 _ 그 사람의 행동 정말 불쾌합니다.

I'm really displeased with his behavior.

아임 리얼리 디스플리즈드 위드 히스 비헤이비어

▶ be displeased with ~ : ~의 비위를 거슬리다, 불쾌하게 하다

02 간섭이나 방해를 받을 때

1 _ 상관하지 마세요.

It's none of your business.
잇츠 난 오브 유어 비지니스

▶ 만약에 상관하지 말고 '당신 일에나 신경 쓰세요.' 라는 말은 Mind your own business.라고 하면 됩니다.

2 _ 이래라저래라 하지 마세요..

Don't tell me what to do.
돈 텔 미 왓 투 두우

3 _ 그것은 내가 알아서 할게요.

I'll take care of it.
아윌 테익 케어 오브 잇

4 _ 당신과는 전혀 상관없는 일이에요.

It has nothing to do with you.
잇 해즈 낫띵 투 두 위드 유

▶ have[has] nothing to do with ~ : ~와는 아무런 관계가 없다

5 _ 이것은 개인적인 일입니다.

This is something personal.
디스 이즈 썸띵 퍼서널

6 _ 저 좀 가만히 내버려 두세요.

Leave me alone.

리브 미 얼르온

7 _ 당신은 늘 저에게 잔소리를 하는군요.

You're always on to me.

유어 올웨이즈 온 투 미

▶ be on to ~ : ~를 나무라다, 잔소리를 하다

8 _ 내 신경을 건드리지 마세요.

Don't get on my nerves.

돈 겟 온 마이 너-브즈

03 진정시킬 때

1 _ 당신 나에게 화났어요?

Are you angry with me?

아 유 앵그리 위드 미

▶ Are you mad at me?라고 해도 비슷한 표현입니다.

2 _ 당신 왜 화났어요?

Why are you angry?

와이 아 유 앵그리

3 _ 뭐가 문제인가요?
What's wrong?
왓츠 로옹

4 _ 화내지 마세요.
Please don't get angry.
플리-즈 돈 겟 앵그리

5 _ 그렇게 화낼 이유가 없어요.
There's no reason to get so angry.
데어즈 노 리-즌 투 겟 쏘우 앵그리

6 _ 진정하세요!
Take it easy!
테이 킷 이-지

▶ 이 표현은 작별인사로도 쓰이지만 흥분한 사람에게 진정하라는 뜻으로 쓰이기도 합니다.

7 _ 아무것도 아니잖아요.
It's no big deal.
잇츠 노우 빅 디일

8 _ 그만 좀 하세요!
That's enough!
댓츠 이너프

04 실망했을 때

1 _ 나는 실망했어요.

I was disappointed.

아이 워즈 디써포인티드

▶ '~에게 실망하다'라는 말은 be disappointed in ~이라는 표현을 쓸 수 있습니다.

2 _ 당신은 정말 날 실망시키는군요.

You've really disappointed me.

유브 리얼리 디써포인티드 미

3 _ 유감스러운데!

That's a real shame!

댓츠 어 리얼 쉐임

▶ shame은 '부끄러움, 수치'라는 뜻이 있지만 어떤 일의 결과에 대해 유감과 실망을 나타낼 때에도 쓰입니다.

4 _ 정말 유감이에요!

That's too bad!

댓츠 투- 바드

5 _ 당신이 나에게 이런 행동을 했다니 믿을 수가 없어요.

I can't believe you did this to me.

아이 캔트 빌리브 유 딧 디스 투 미

Part 5 비난과 다툼

01 비난할 때

1 _ 창피한 줄 아세요.

Shame on you.
쉐임 온 유

▶ 이 표현은 상대방이 무언가 부끄러운 행동을 했을 때 쓸 수 있는 표현입니다.

2 _ 진짜 유치하네요.

You're so childish.
유어 쏘우 챠일디쉬

▶ childish는 '유치하다'라는 뜻이고 childlike라고 하면 긍정적인 의미로 '천진난만하다'라는 의미입니다.

3 _ 어떻게 그렇게 생각이 없어요?

How could you be so thoughtless?
하우 쿠 쥬 비 쏘우 쏘뜨-리스

▶ thoughtless : 생각이 없는, 경솔한

4 _ 왜 이런 식으로 행동하죠?

Why are you acting this way?
와이 아 유 액팅 디스 웨이

5 _ 정신 나갔군요.

You're insane.

우어 인쎄인

▶ insane은 '제정신이 아닌, 미친'의 뜻이지만 구어에서는 '어리석은, 몰상식한'의 의미로 쓰이기도 합니다.

6 _ 당신 정신 나갔어요?

Are you out of your mind?

아 유 아웃 오 뷰어 마인드

▶ out of one's mind : 정신이 돈, 미친 것 같은

7 _ 당신은 말도 안 되는 소리를 하고 있어요.

You're not making any sense.

우어 낫 메이킹 애니 쎈스

▶ make sense : 이치에 닿다, 뜻이 통하다

8 _ 어린애조차도 그것쯤은 할 수 있어요.

Even a child could do it.

이-븐 어 챠일드 쿳 두 잇

▶ even은 사실이나 극단적인 사례 등을 강조하여 '~조차도, ~까지도'라는 뜻을 나타냅니다.

9 _ 그건 당신답지 않은 행동이군요.

That's not like you.

댓츠 낫 라이크 유

02 비난에 대한 대응

1 _ 말 조심하세요!

Watch your mouth!
왓취 유어 마우쓰

▶ watch one's mouth는 '말 조심하다'라는 뜻으로 mouth 대신 tongue을 써도 비슷한 뜻입니다.

2 _ 당신은 함부로 말하는군요!

You are too outspoken!
유 아 투 아웃스포우컨

▶ outspoken : 거리낌없이 말하는, 노골적인

3 _ 그 말 취소하세요!

Take that back!
테익 댓 배액

▶ take back : 철회하다, 도로 찾다

4 _ 어떻게 그런 말을 할 수 있죠?

How can you say such a thing?
하우 캔 유 쎄이 써취 어 띠잉

5 _ 그 말을 들으니까 화가 나는군요.

I take offense to that.
아이 테익 어펜스 투 댓

6 _ 나를 얕잡아 보지 마세요.

Don't underestimate me.

돈 언더에스터메잇 미

▶ underestimate : 얕잡아 보다, 과소평가하다

7 _ 나는 그렇게 어리석지 않아요.

I wasn't born yesterday.

아이 워즌 본 예스터데이

▶ 이 표현은 '어제 태어나지 않았다'는 말이니 '나를 경험이 없는 사람으로 보지 마라, 바보 취급하지 말아라'라는 의미가 됩니다.

8 _ 날 뭘로 생각하는 겁니까?

What do you take me for?

왓 두 유 테익 미 포

▶ take for : ~라고 생각하다

9 _ 그런 식으로 말하지 마세요.

Don't talk to me like that.

돈 톡 투 미 라익 댓

10 _ 어처구니가 없군요.

That's ridiculous.

댓츠 리디큘러스

▶ 비슷한 의미의 표현으로 I'm speechless.라고 하면 '기가 막혀서 말이 안 나온다.'라는 뜻입니다.

Part 6 불평과 불만

01 불평할 때

1 _ 진짜 지겨워요.

I'm sick and tired of it.

아임 씨익 앤 타이어드 오브 잇

▶ 어떤 일에 아주 넌더리가 난다면 be sick and tired of라는 표현을 쓸 수 있습니다.

2 _ 이 일은 해도 해도 끝이 없어요.

This job never ends.

디스 잡 네버 엔즈

3 _ 이보다 더 지겨운 일이 또 있을까요?

Is there anything more tedious than this?

이즈 데어 애니띵 모어 티-디어스 댄 디스

▶ tedious : 진저리가 나는, 지겨운

4 _ 정말 스트레스 받는군!

It's really stressful!

잇츠 리얼리 스트레스펄

▶ stressful : 긴장 또는 스트레스가 많은

5 _ 이런 생활은 아주 넌더리가 납니다.

I'm disgusted with this way of life.

다임 디스거스티드 위드 디스 웨이 오브 라이프

▶ be disgusted with ~ : ~에 넌더리가 나다

02 불평하는 사람에게

1 _ 지금 무엇 때문에 불평하세요?

What are you complaining about now?

왓 아 유 컴플레이닝 어바웃 나우

2 _ 뭐가 그렇게 만족스럽지 않나요?

What are you so dissatisfied about?

왓 아 유 쏘우 디쎄리스파이드 어바웃

3 _ 당신은 항상 불평이군요.

You're always complaining.

유어 올웨이즈 컴플레이닝

4 _ 또 시작이네요.

Here we go again.

히어 위 고우 어게인

▶ 이 표현은 원하지 않는 일이 자주 일어나서 못마땅할 때 '지겹게도 또 시작이다' 라는 의미로 쓰입니다.

Part 7 놀라움과 두려움

01 놀랐을 때

1 _ 오, 세상에!

Oh, my God!

오우 마이 가앗

> Oh, my God!은 '큰일났네, 아이구' 라는 뜻으로 놀라움을 나타낼 때 쓰는 표현이지만 서양의 독실한 기독교 신자들은 God가 남발해 쓰이는 것을 불쾌해 하므로 주의해야 합니다.

2 _ 하느님, 맙소사!

Oh, my goodness! / Oh, my gosh! / Oh, my!

오우 마이 굳니스 / 오우 마이 가쉬 / 오우 마이

> 앞에서 말한 종교적인 의미 때문에 놀랐을 때 God 대신 goodness나 gosh가 쓰이기도 합니다.

3 _ 아이고, 깜짝이야!

Gee!

지이

4 _ 아, 그럴 수가!

Oh, no!

오우 노우

감정의 표현 **07**

5 _ 믿기지 않는데요!

That's unbelievable!

댓츠 언빌리-버블

6 _ 당신 농담하는 거죠!

You're kidding!

유어 키딩

▶ 상대방의 말이 정말 믿겨지지 않을 때 쓸 수 있는 표현입니다.

7 _ 그 소식을 듣고 놀랐어요.

I'm surprised at the news.

아임 써프라이즈드 앳 더 뉴스

02 두려울 때

1 _ 무서워요.

I'm scared.

아임 스케어-드

▶ 만약 '무서워서 죽는 줄 알았다.'라는 말을 하고 싶다면 I was scared to death.라고 하면 됩니다.

2 _ 생각만 하도 무서워요.

Just thinking about it scares me.

저스트 띵킹 어바웃 잇 스케어스 미

3 _ 나는 너무 놀라서 움직일 수가 없었어요.
I was too shocked to move.
아이 워즈 투- 쇼옥 투 무-브

4 _ 섬뜩해요!
It gives me the creeps.
잇 깁즈 미 더 크립-스
- give ~ the creeps : ~을 섬뜩하게 하다, 소름 끼치게 하다

5 _ 등에 땀이 나요.
My back is sweaty.
마이 백 이즈 스웨리

6 _ 생각만 해도 벌벌 떨려요.
The mere thought makes me shudder.
더 미어 쏘옷 메익스 미 셔더
- shudder : (공포나 추위로) 떨다

7 _ 뭘 그렇게 무서워 하세요?
What are you so afraid of?
왓 아 유 쏘우 어프레이드 오브

8 _ 무서워하지 마세요.
Don't be scared.
돈 비 스케어드

알아 두면 좋은 영단어

⊙ 감정 관련 단어

cheerful 취어펄	유쾌한, 즐거운
grateful 그레이트펄	기분 좋은
delighted 딜라이티드	기뻐하는
content 컨텐트	만족하고 있는
discontented 디스컨텐티드	불만스러운
miserable 미저러블	비참한, 불행한
depressed 디프레스트	우울한
frustrated 프러스트레이티드	좌절당한
confused 컨퓨-즈드	당황한
fed-up 페드겁	싫증난
angry 앵그리	성난
cross 크로-스	화를 내는
furious 퓨어리어스	격노한
anxious 앵쳐스	걱정하는
nervous 너-버스	염려하는
worried 워-리드	걱정스러운
upset 업셋	기분 상한

알아 두면 좋은 영단어

⊙ 신체 관련 단어

eyebrow 아이브라우	눈썹
eye 아이	눈
nose 노우즈	코
ear 이어	귀
mouth 마우쓰	입
chin 친	턱
lip 립	입술
tooth 투-쓰	이
tongue 텅	혀
neck 넥	목
arm 아암	팔
hand 핸드	손
finger 핑거	손가락
nail 네일	손톱
leg 레그	다리
foot 풋	발
toe 토우	발가락

8장

의견 말하기

PART 1. 제안과 권유
PART 2. 의견 묻고 답하기
PART 3. 찬성과 반대
PART 4. 결심과 유보
PART 5. 추측과 판단
PART 6. 협상과 설득

Part 1 제안과 권유

01 제안할 때

1 _ 우리 시내 구경 한 번 할까요?

Shall we go sightseeing downtown?
쉘 위 고우 싸잇씨잉 다운타운

▶ '우리 ~할까요?' 하고 상대방에 무언가를 제안할 때에는 Shall we ~?라는 표현을 쓸 수 있습니다.

2 _ 저하고 쇼핑 가실래요?

How about going shopping with me?
하우 어바웃 고잉 **샤**핑 위드 미

▶ How about ~?는 '~는 어때요?' 하고 상대방에게 제안하거나 상대방의 생각을 알고 싶을 때 쓸 수 있습니다.

3 _ 어디 가서 술 한잔할까요?

Would you like to go for a drink somewhere?
우 쥬 **라**익 투 고우 포 러 드**링**크 썸웨어

4 _ 우리 영화 보러 갑시다.

Let's go to a movie.
렛츠 고우 투 어 **무**-비

5 _ 우리 저녁 먹으러 나갈까요?

Why don't we go out for dinner?

와이 돈 우 고우 아웃 포 디너

▶ '우리 ~하지 않을래요?' 하고 상대방에 가볍게 제안할 때에는 Why don't we ~?라는 표현을 쓰면 됩니다.

02 제안을 받아들일 때

1 _ 아주 좋은 생각이에요.

That sounds like a good idea.

댓 싸운즈 라이 커 굳 아이디-어

▶ 상대방의 제안을 받아들이는 표현은 위의 표현 외에도 That sounds great!, That's a good idea. 등이 있습니다.

2 _ 그거 좋죠.

Yes, I'd love to.

예스 아이드 러브 투

3 _ 그래요, 그렇게 합시다.

Yes, let's do that.

예스 렛츠 두 대앳

4 _ 기꺼이 당신 제의를 받아들이겠습니다.

I'm happy to accept your offer.

아임 해피 트 액셉트 유어 오-퍼

03 제안을 거절할 때

1 _ 고맙지만 됐습니다.

No, thank you.

노우 땡 큐

▶ 상대방의 호의나 제안을 정중히 거절할 때에는 No, thank you. 라는 표현을 쓸 수 있습니다.

2 _ 그럴 기분이 아니에요.

I don't feel like doing it.

아이 돈 필 라익 두잉 잇

▶ I don't feel like ~ : 나는 ~하고 싶은 기분이 아니다

3 _ 그러고는 싶지만 선약이 있습니다.

I'd love to, but I have a previous engagement.

아이드 러브 투 벗 아이 해 버 프리-비어스 인게이즈먼트

4 _ 다음에 합시다.

Let's make it some other time.

렛츠 메이 킷 썸 아더 타임

5 _ 저는 지금 무척 피곤합니다.

I'm very tired now.

아임 베리 타이어드 나우

Part 2 의견 묻고 답하기

01 의견을 물을 때

1 _ 그것에 대해 어떻게 생각해요?

What do you think of it?
왓 두 유 띵크 오브 잇

▶ 상대방의 의견이나 견해를 물을 때에는 What do you think of [about] ~?라는 표현을 쓰면 됩니다.

2 _ 이 일에 대한 당신의 생각은 어떻습니까?

What's your opinion on this?
왓츠 유어 어피니언 온 디스

▶ opinion은 어떤 것에 대한 개인적인 판단이나 감정에 영향을 받은 의견이고 개인적인 생각이나 견해를 말할 때에는 view를 씁니다.

3 _ 당신의 새로운 직업은 어때요?

How do you like your new job?
하우 두 유 라익 유어 뉴 자압

▶ How do you like ~?라는 표현도 '~를 어떻게 좋아하느냐?'라는 의미이니 역시 상대방의 의견을 묻는 표현입니다.

4 _ 당신은 어떻게 생각하세요?

What do you say?
왓 두 유 쎄이

169

5 _ 당신이 내 입장이라면 어떻게 하시겠어요?
What would you do if you were in my shoes?
왓 우 쥬 두우 이프 유 워 인 마이 슈즈

▶ in my shoes는 '내 입장에서'라는 의미로 in my position이라고 해도 비슷한 표현입니다.

6 _ 내가 어떻게 해야 할까요?
What do you think I should do?
왓 두 유 띵크 아이 슛 두우

7 _ 무슨 좋은 생각 있나요?
Do you have any good ideas?
두 유 해브 애니 굳 아이디-어즈

▶ 만약에 다른 제안이 없는지 묻는다면 Do you have any other suggestions?라고 표현할 수 있습니다.

8 _ 당신의 의견을 말해 줄래요?
Can I have your opinion?
캔 아이 해 뷰어 오피니언

9 _ 무슨 좋은 생각이라도 있나요?
Can you come up with any good ideas?
캔 유 컴 업 위드 애니 굳 아이디-어즈

▶ come up with : 제안하다

02 의견을 제시하는 표현

1 _ 저는 …라고 생각합니다.

I think ….

아이 띵크

▶ 상대방에게 자기의 의견을 부드럽게 말할 때 I think ~.라는 표현을 쓸 수 있습니다.

2 _ 내 생각으로는 ….

In my opinion, ….

인 마이 어피_니언

3 _ 글쎄요, 저에게 물어보셨으니 ….

Well, if you ask me, ….

웨엘 이프 유 애스크 미

▶ well은 어떤 용건을 꺼낼 때나 말을 계속할 때 '글쎄, 저어, 그런데' 라는 의미로 쓰입니다.

4 _ 내가 당신이라면 …하겠어요.

If I were you, I'd ….

이프 아이 워 유 아이드

5 _ …하는 거 생각해 봤어요?

Have you thought of …?

해브 유 쏘-트 오브

171

03 의견을 말할 때

1 _ 말씀 좀 드려도 될까요?

May I say a few words?
메이 아이 쎄이 어 퓨 워어즈

2 _ 제 소견을 말씀드리겠습니다.

Let me give my humble opinion.
렛 미 깁 마이 험블 어피니언

> '이것은 단지 사견입니다.' 라는 말은 This is only my personal opinion.이라고 표현하면 됩니다.

3 _ 좋은 생각이 있습니다!

I've got a good idea!
아이브 갓 어 굳 아이디-어

4 _ 그게 더 좋겠는데요.

That's more like it.
댓츠 모어 라이크 잇

> '훨씬 더 좋다' 라는 말은 That's much better.라고 하면 됩니다.

5 _ 특별히 할 말이 없습니다.

I have nothing special to say.
아이 해브 낫띵 스페셜 투 쎄이

04 확신할 때

1 _ 저는 그것을 확신합니다.
I'm sure of it.
다임 슈어 오브 잇

▶ 만약에 '나는 100% 확신한다.' 라는 말을 하고 싶다면 I'm a hundred percent sure.라는 표현을 쓸 수 있습니다.

2 _ 당연하죠!
Of course!
오브 코어스

▶ 비슷한 표현은 Sure!, Certainly!, You bet! 등이 있습니다.

3 _ 내기를 해도 좋아요!
I can even bet on that!
아이 캔 이-븐 뱃 온 댓

▶ '내가 장담한다' 라는 말은 I guarantee it.이라고 하면 됩니다.

4 _ 틀림없을 겁니다.
I've no doubt about it.
아이브 노 다웃 어바웃 잇

5 _ 진실임이 틀림없습니다.
It must be true.
잇 머스트 비 츄루우

Part 3 찬성과 반대

01 상대방의 의견에 찬성할 때

1 _ 당신의 말에 동의해요.

I agree with you.
아이 어그리 위드 유

▶ I'm with you.라고 해도 비슷한 표현입니다.

2 _ 당신이 맞아요.

You're right. / That's right.
유어 라잇 / 댓츠 라잇

▶ 상대방의 말이 아주 맞다면 You're absolutely right.라고 말하면 됩니다.

3 _ 바로 그거에요!

Exactly!
이그잭틀리

▶ Exactly!는 yes의 대용으로 쓰여 '바로 그렇다' 라는 의미로 You got it!, Absolutely!라고 해도 비슷한 뜻입니다.

4 _ 저도 그렇게 생각합니다.

I think so, too.
아이 띵크 쏘우 투우

5 _ 말이 필요없거요.
I couldn't agree more.
아이 쿠든 어그리 모어

▶ 이 표현은 직역하면 더 이상 동의할 수 없다는 갈이니 전적으로 상대방의 달에 동의할 때 쓸 수 있는 표현입니다.

6 _ 내 생각도 그래요.
That's just what I was thinking.
댓츠 저스트 왓 아이 워즈 띵킹

▶ I feel the same way.라고 해도 비슷한 표현입니다.

7 _ 그거 좋은 생각 같군요.
That sounds like a good idea.
댓 싸운즈 라이 커 굳 아이디-어

8 _ 내 말이 그 말입니다.
You took the words right out of my mouth.
유 투크 더 워즈 라잇 아웃 오브 마이 마우쓰

▶ take the words out of one's mouth : 말하려는 것을 먼저 말하다

9 _ 일리가 있습니다.
That makes sense.
댓 메익스 쎈스

▶ 만약에 부분적으로 동의한다면 You are partly right.이라고 하면 됩니다.

02 상대방의 의견에 반대할 때

1 _ 유감이지만 당신의 말에 동의할 수 없습니다.

I'm afraid I can't agree with you.
아임 어프레이드 아이 캔트 어그리 위드 유

▶ 만약에 절대로 동의할 수 없다면 I disagree completely., I don't agree at all. 등으로 말하면 됩니다.

2 _ 저는 그것에 대해 좀 다른 생각을 갖고 있습니다.

I have a different opinion about that.
아이 해 버 디퍼런트 어피니언 어바웃 댓

3 _ 그 말이 사실일지 모르지만 …라고 생각지 않나요?

That might be true, but don't you think …?
댓 마잇 비 츄루우 벗 돈 츄 띵크

▶ 상대방의 말에 동의하지 않을 때 That might be true라는 말을 먼저 한 후 반대 의견을 제시하면 좀 더 부드러운 표현이 됩니다.

4 _ 당신의 말은 맞지 않아요.

You're not right.
유어 낫 라잇

5 _ 저는 그 점에 대해 당신 말에 동의할 수 없습니다.

I don't agree with you on that point.
아이 돈 어그리 위드 유 온 댓 포인트

Part 4 결심과 유보

01 결심할 때

1 _ 그 점에 대해 많이 생각해 봤어요.

I thought about it a lot.
아이 쏘옷 어바웃 잇 어 라앗

2 _ 결심했습니다.

I've made up my mind.
아이브 메이드 업 마이 마인드

▶ make up one's mind : 결심하다

3 _ 많이 생각해서 내린 결정입니다.

I've already given this a lot of thought.
아이브 올레디 기번 디스 어 랏 오브 쏘오트

▶ '이미, 벌써'라는 말은 긍정문에서는 already, 의문문·부정문에서는 yet가 쓰인다는 것을 알아 두세요.

4 _ 더 이상 얘기할 것도 없습니다.

There's nothing more to discuss.
데어즈 낫띵 모어 투 디스커스

▶ 만약에 "나는 꼭 할 것이다." 라는 말은 I'm going to do it. 으로 표현하면 됩니다.

02 결심을 유보할 때

1 _ 결정하기가 힘드네요.

It's hard to decide.
잇츠 하앗 투 디싸이드

2 _ 아직 결정을 못했습니다.

I haven't decided yet.
아이 해븐 디싸이디드 옛

▶ 결정하지 못하고 망설일 때 '글쎄요.' 라는 표현은 Well, let me see.라고 말할 수 있습니다.

3 _ 결정하기에는 너무 이릅니다.

It's too early to make up my mind.
잇츠 투 어얼리 투 메이크 업 마이 마인드

4 _ 좀 더 생각할 시간이 필요합니다.

I need more time to think about it.
아이 니잇 모어 타임 투 띵크 어바웃 잇

5 _ 당신이 결정하면 따라갈게요.

You decide and I'll just follow.
유 디싸이드 앤 아일 저스트 팔로우

▶ 만일 '당신에게 달렸습니다.' 하고 상대방에게 결정을 미룬다면 It depends on you.라는 표현을 쓸 수 있습니다.

Part 5 추측과 판단

01 느낌이나 추측을 말할 때

1 _ 당신이 맞다고 생각합니다.

I think you are right.
아이 띵크 으 아 라잇

> ▶ 자기의 의견이나 생각을 말할 때에는 I think ~.라고 말하면 되고 만약 확신을 말할 때에는 I'm sure ~.라는 표현을 사용할 수 있습니다.

2 _ 가능하다고 생각해요.

I think it's possible.
아이 띵크 읏츠 파서블

> ▶ possible이 '가능한'의 뜻으로 쓰일 때에는 사람을 주어로 하지 않는다는 것도 알아 두세요.

3 _ 그게 사실일지도 모르죠.

That might be true.
댓 마잇 비 추루우

> ▶ might는 may보다 약한 가능성을 나타내어 '~일지도 모른다'는 의미를 가집니다.

4 _ 어떻게 될지 말하기 어렵습니다.

It's difficult to say how it will turn out.
잇츠 디피컬트 투 쎄이 하우 잇 윌 터언 아웃

179

02 추측이 맞거나 틀릴 때

1 _ 내 말이 맞잖아요!

I told you so!

아이 토울 쥬 쏘우

▶ 이 표현은 Did I tell you so?(내가 그렇게 말하지 않던가요?)라는 의미로 자신의 생각이 맞았다는 것을 나타낼 때 쓸 수 있는 표현입니다.

2 _ 내 말이 맞았다는 것으로 판명됐어요.

It turned out that I was right.

잇 터언드 아웃 댓 아이 워즈 라잇

3 _ 내 추측이 적중했어요.

I guessed right.

아이 게스드 라잇

4 _ 이건 예상을 못했습니다.

I didn't expect this.

아이 디든 익스펙 디스

5 _ 결과가 우리가 생각했던 것과는 반대로 나왔어요.

The result was opposite of what we expected.

더 리졸트 워즈 아퍼짓 오브 왓 위 익스펙티드

Part 6 협상과 설득

01 협상과 토론

1 _ 협상합시다.

Let's make a deal.
렛츠 메이 커 디일

▶ deal : 거래, 협정 cf. That's a deal. : 그것으로 결정짓자.

2 _ 당신의 입장을 조금 바꿀 수 없을까요?

Can't you change your position just a little?
캔 츄 췌인지 유어 퍼지션 저스 터 리를

3 _ 타협의 여지가 좀 있을 겁니다.

There may be some room for compromise.
데어 메이 ㅂ 썸 룸 포 캄프러마이즈

▶ 여기서 room은 '여지'라는 뜻으로 '여지를 남기다'라는 말은 leave room for ~라는 표현을 쓰면 됩니다.

4 _ 나는 우리가 합의할 수 있을 거라고 확신합니다.

I'm sure we can come to an agreement.
아임 슈어 위 캔 컴 투 언 어그리-먼트

▶ come to an agreement : 합의를 보다, 협정이 성립하다

5 _ 이성적으로 생각합시다.

Let's be rational.

렛츠 비 래이셔널

6 _ 그 두 가지는 경우가 다릅니다.

We must distinguish between the two cases.

위 머스트 디스팅귀쉬 비트윈 더 투 케이시스

7 _ 해결책이 나올 때까지 그 문제를 논의합시다.

Let's discuss the problems until a solution is found.

렛츠 디스커스 더 프라블럼즈 언틸 어 설루-션 이즈 파운드

02 설득할 때

1 _ 다시 한 번 생각해 주시겠습니까?

Would you think it over once more?

우 쥬 띵크 잇 오우버 원스 모어

▶ think over : 곰곰히 생각하다, 숙고하다

2 _ 이런 것은 어때요?

How does this sound?

하우 더즈 디스 싸운드

3 _ 제가 당신이라면, 이렇게 해 보겠습니다.

If I were you, I'd do it this way.

이프 아이 워 유 아이드 두 잇 디스 웨이

4 _ 절 믿어도 됩니다.

You can trust me.

유 캔 트러스트 미

▶ You can count on me.라고 해도 비슷한 표현입니다.

5 _ 전 사실을 이야기하고 있는 겁니다.

I'm telling the truth.

아임 텔링 더 츄루쓰

03 타결과 결렬

1 _ 그 조건에 따라서 당신의 제의를 받아들이겠습니다.

According to these terms, I accept your proposal.

어코딩 투 디-즈 터엄즈 아이 액셉 추어 프러포우절

▶ according to ~ : ~에 따라서

2 _ 만약 당신이 그것에 동의한다면 나도 이것에 동의하겠습니다.

If you agree to that, I'll agree to this.

이프 유 어그리 투 댓 아윌 어그리 투 디스

3 _ 자, 우리 조금씩 양보합시다.
Come on, let's meet halfway.
컴 어언 렛츠 미잇 해프웨이

▶ meet halfway : 쌍방이 서로 다가가다, 양보하다

4 _ 더 이상 이야기할 필요가 없겠군요.
I don't think we need to talk about it.
아이 돈 띵크 위 니잇 투 토옥 어바웃 잇

▶ 만약 '다음에 이야기 합시다.'라는 말을 하고 싶다면 Let's talk about it later.라고 말할 수 있습니다.

5 _ 양보할 수 없어요.
I'm not going to concede.
아임 낫 고잉 투 컨싸-드

▶ concede : 양보하다, 용인하다

6 _ 저는 이 조건을 받아들일 수 없습니다.
I can't accept these conditions.
아이 캔트 액셉 디즈 컨디션즈

7 _ 그 문제에 관해서는 조금도 물러서지 않을 겁니다.
I'll not yield an inch on that matter.
아윌 낫 이일드 언 인취 언 댓 메러

▶ yield : 양보하다, 산출하다, 낳다

알아 두면 좋은 영단어

⊙ 회의 관련 단어

opening address	오우퍼닝 어드레스	개회사
keynote address	키-노우트 어드레스	기조 연설
forum	포-럼	토론회
joint resolution	조인트 레절루-션	공동 결의
majority vote	머조-러티 보우트	과반수 의결
majority rule	머조-러티 룰	다수결 원칙
unanimity	유너니머티	만장일치
ballot	밸러트	무기명 비밀 투표
closed conference	클로우즈드 컨퍼런스	비공개 회의
general meeting	제너럴 미-팅	총회
quorum	쿼-럼	정족수
closing address	클로우징 어드러스	폐회사
participant	파-티서펀트	참가자
presenter	프리젠터	발표자
negotiation	니고우쉬에이션	협상
second best	쎄컨드 베스트	차선책
stopgap measure	스탑갭 메줘	미봉책

알아 두면 좋은 영단어

⊙ 취미 관련 단어

reading	리-딩	독서
fishing	피싱	낚시
play	플레이	연극
movie	무-비	영화
traveling	트래블링	여행
music	뮤-직	음악
photo	포우토우	사진
hunting	헌팅	사냥
chess	체스	서양 장기
skiing	스키-잉	스키
dance	댄스	춤
computer game	컴퓨-러 게임	컴퓨터 게임
collection	컬렉션	수집
mountain climbing	마운턴 클라이밍	등산
painting	페인팅	그림
cooking	쿠-킹	요리
knitting	니팅	뜨개질

9장

전화하기

PART 1. 전화 걸고 받기
PART 2. 부재 중 전화
PART 3. 전화 트러블

Part 1 전화 걸고 받기

01 전화를 걸 때

1 _ 여보세요. 조단 씨와 통화할 수 있을까요?

Hello. May I speak to Mr. Jordan?

헬로우 메이 아이 스픽 투 미스터 조든

▶ 전화상에서 '~와 통화하고 싶다'는 May I speak to ~?, I'd like to speak to ~.라는 표현을 쓰면 됩니다.

2 _ 톰 있나요?

Is Tom there?

이즈 탐 데어

▶ 비슷한 의미의 표현은 Is Tom available?, Is Tom in? 등이 있습니다.

3 _ 영업부로 연결해 주시겠어요?

Can you transfer me to the sales department?

캔 유 트랜스퍼 미 투 더 쎄일즈 디파트먼트

4 _ 저는 네오북스에 근무하는 박민수입니다.

This is Minsu Park from Neobooks.

디스 이즈 민수 파악 프럼 네오북스

▶ 전화상에서 자기를 밝힐 때에는 This is ~.라는 표현을 씁니다.

02 전화가 왔을 때

1 _ 전화가 왔군요.

There's the phone.
데어즈 더 포운

▶ 전화벨이 울린다는 The phone's ringing.이라고 하면 됩니다.

2 _ 전화 좀 받아 주시겠습니까?

Would you answer the phone for me?
우 쥬 앤써 더 포운 포 미

▶ '전화를 받다'라는 말은 answer the phone, get the phone 등으로 표현합니다.

3 _ 누구 전화 좀 받아 주세요.

Somebody, answer the phone.
썸바디 앤써 더 포운

4 _ 빨리 좀 받아 주시겠어요?

Would you hurry up and get it?
우 쥬 허-리 업 앤 겟 잇

5 _ 내가 받을게요.

I'll get it.
아윌 겟 잇

03 전화를 받을 때

1 _ 누구신가요?

Who's calling, please?

후즈 콜-링 플리-즈

2 _ 접니다.

Speaking.

스피-킹

▶ 상대방이 찾는 사람이 바로 자기일 때 쓸 수 있는 표현입니다.

3 _ 브래드예요?

Is this Brad?

이즈 디스 브랫

4 _ 이름이 어떻게 되십니까?

May I have your name, please?

메이 아이 해 뷰어 네임 플리-즈

▶ 이름을 잘 듣지 못해 다시 묻는 말은 What was your name again?으로 말하면 됩니다.

5 _ 누구를 찾으시나요?

Whom would you like to speak to?

훔 우 쥬 라익 투 스픽 투

04 바꿔줄 때

1 _ 누구를 바꿔 드릴까요?

Who do you want to speak to?

후 두 유 원 투 스픽 투

2 _ 어느 부서에 근무하시죠?

What department does he work in?

왓 디파트먼트 더즈 히 워어크 인

3 _ 잠깐만 기다리세요.

Hold on a second, please.

호울 던 어 쎄컨드 플리-즈

▶ 비슷한 표현은 Hold the line, please., Just a moment, please. 등이 있습니다.

4 _ 바꿔 드리겠습니다.

I'll put him through.

아일 풋 힘 뜨루우

▶ He'll be right with you.라고 해도 비슷한 의미의 표현입니다.

5 _ 그에게 전화를 돌려 드리겠습니다.

Let me transfer your call to him.

렛 미 트랜스더 유어 콜 투 힘

▶ transfer A to B : A를 B로 옮기다, 나르다

6 _ 연결되는 동안 끊지 말고 기다리세요.

Please do not hang up while you're being transferred.

플리-즈 두 낫 행 업 와일 유어 비-잉 트랜스퍼어드

7 _ 죄송합니다. 연결이 안 됩니다.

I'm sorry. I can't get through.

아임 쏘리 아이 캔트 겟 뜨루우

8 _ 통화 중이라 연결할 수가 없습니다.

The line is busy, so I can't put you through.

더 라인 이즈 비지 쏘우 아이 캔트 풋 유 뜨루우

9 _ 브래드, 전화 받아요.

Brad, there's a call for you.

브래드 데어즈 어 콜 포 유

10 _ 톰이 당신과 통화하기를 원합니다.

Tom would like to speak to you.

탐 우드 라익 투 스픽 투 유

11 _ 조단 씨, 2번 전화 받아 보세요.

Mr. Jordan, pick up the phone on line two, please.

미스터 조든 픽 업 더 포운 온 라인 투 플리-즈

05 바꿔 줄 수 없을 때

1 _ 그는 지금 몹시 바쁩니다.

He's very busy at the moment.

히스 베리 비지 앳 더 모우먼트

▶ 만약 고객과 상담하느라고 바쁘다면 He's busy talking to a client.라고 말하면 됩니다.

2 _ 지금 회의하고 계십니다.

He's in a meeting right now.

히즈 인 어 미-링 라잇 나우

▶ right now : 지금 바로, 방금

3 _ 그는 지금 어떤 일을 하고 있습니다.

He's right in the middle of something.

히즈 라잇 인 더 미들 오브 썸띵

▶ in the middle of ~ : ~의 도중에, 한복판에

4 _ 그는 지금 전화를 받을 수 없습니다.

He can't come to the phone right now.

히 캔트 컴 투 더 포운 라잇 나우

5 _ 기다리시겠습니까?

Would you like to hold?

우 쥬 라익 트 호울드

06 전화받기 곤란할 때

1 _ 저는 지금 전화 받기가 곤란합니다.
I'm not available at the moment.
아임 낫 어베이러블 앳 더 모우먼트

2 _ 제가 지금 좀 바쁩니다.
I'm kind of busy at the moment.
아임 카인드 오브 비지 앳 더 모우먼트

3 _ 저는 지금 다른 전화를 받고 있습니다.
I'm on the phone with someone else.
아임 온 더 포운 위드 썸원 엘스

▶ 만일 통화 중에 다른 전화가 왔다면 There's another call coming in.이라고 말하면 됩니다.

4 _ 저는 지금은 통화할 시간이 없습니다.
I don't have time to talk to you now.
아이 돈트 해브 타임 투 토옥 투 유 나우

▶ 시간이 없어 간단하게 말하라고 말하는 표현은 Can you make it short?으로 표현할 수 있습니다.

5 _ 10분 후에 다시 전화해 주실래요?
Could you call back again in ten minutes?
쿠 쥬 콜 백 어게인 인 텐 미니츠

07 전화를 끊을 때

1 _ 이제 그만 전화를 끊어야겠어요.
I have to go now.
아이 햅 투 그우 나우

▶ 비슷한 의미의 표현은 I'll have to say-goodbye., I'd better go. 등이 있습니다.

2 _ 다른 전화가 왔어요.
I have a call on the other line.
아이 해브 더 콜 온 디 아더 라인

3 _ 당신 시간을 너무 빼앗은 것 같군요.
I've taken up so much of your time.
아이브 테이컨 업 쏘우 머취 오브 유어 타임

▶ take up : (시간·장소 등을) 잡다, 차지하다

4 _ 얘기 즐거웠어요.
Nice talking to you.
나이스 토킹 투 유

5 _ 전화 주셔서 고맙습니다.
Thank you for calling.
땡 큐 포 콜링

Part 2 부재 중 전화

01 찾는 사람이 부재 중일 때

1 _ 그는 지금 여기에 없습니다.

He's not here at the moment.
히즈 낫 히어 앳 더 모우먼트

▶ 비슷한 표현은 He's not available at the moment., He's not in at the moment. 등이 있습니다.

2 _ 잠깐 나가셨습니다.

He just stepped out for a moment.
히 저스트 스텝트 아웃 포 어 모우먼트

▶ '점심 먹으러 나갔다'라고 하면 He just stepped out for lunch.라고 말하면 됩니다.

3 _ 잠깐만요. 근처에 있는지 확인해 볼게요.

Hold on, please. I'll check to see if he's nearby.
호울 더언 플리-즈 아윌 첵 투 씨- 이프 히즈 니어바이

4 _ 아직 안 나오셨어요.

He's not in yet.
히즈 낫 인 옛

▶ 찾는 사람이 오늘 쉰다면 Today he is off.로 말할 수 있습니다.

5 _ 휴가 중입니다.

He's on vacation.

히스 온 버이케이션

6 _ 퇴근하셨습니다.

He has gone for the day.

히 해즈 곤 포 더 데이

▶ 만약에 퇴사를 했다면 He's no longer working here.라고 하면 됩니다.

02 언제 올지 알려줄 때

1 _ 그가 언제 돌아올까요?

When do you expect him back?

웬 두 유 익스펙트 힘 배액

2 _ 금방 돌아오실 겁니다.

He'll be back in a minute.

히윌 비 **백** 인 어 **미**니트

▶ 30분 안에 돌아온다면 He'll be back in 30 minutes.라고 하면 됩니다.

3 _ 5시까지는 들어올 거라고 생각합니다.

I expect him back by five.

아이 익스펙트 힘 백 바이 **파**이브

03 메시지를 남길 때

1 _ 메시지 좀 받아 주시겠습니까?

Would you take a message?

우 쥬 테이 커 메시쥐

▶ 비슷한 의미의 표현은 May I leave a message?, I'd like to leave a message, please. 등이 있습니다.

2 _ 브래드가 전화했다고 전해 주시겠어요?

Could you tell him that Brad called?

쿠 쥬 텔 힘 댓 브래드 콜드

3 _ 들어오면 전화해 달라고 전해 주시겠어요?

Could you ask him to call me back when he comes in?

쿠 쥬 애스크 힘 투 콜 미 백 웬 히 컴즈 인

4 _ 중요한 일은 아닙니다.

It's not important.

잇츠 낫 임포어턴트

5 _ 나중에 다시 하죠.

I'll call him back.

아윌 콜 힘 배액

04 메시지를 받을 때

1 _ 메시지를 남기시겠어요?

Would you like to leave a message?

우 쥬 라익 투 리-브 어 메시쥐

▶ May I take a message?라고 해도 비슷한 표현입니다.

2 _ 전화드리라고 말씀드릴까요?

Would you like me to tell him to call you?

우 쥬 라익 미 투 텔 힘 투 콜 유

3 _ 뭐라고 전해 드릴까요?

What should I tell him?

왓 슈드 아기 텔 힘

▶ '전화 왔었다고만 전해 드리면 되나요?'라는 말은 Should I just tell him you called?라고 말할 수 있습니다.

4 _ 메시지를 전해 드리겠습니다.

I'll give him your message.

아윌 기브 힘 유어 메시쥐

5 _ 그의 책상 위에 메모를 올려 놓을게요.

I'll put a note on his desk.

아윌 풋 어 노우트 온 히즈 데스크

05 메시지 온 것을 확인할 때

1 _ 전화 온 것 없습니까?

Were there any calls for me?

워 데어 애니 콜즈 포 미

▶ Any messages for me?라고 하면 '메시지 온 것 있나요?' 라는 말이 됩니다.

2 _ 조단 씨한테서 전화가 왔었어요.

There was a phone call from Mr. Jordan.

데어 워즈 어 포운 콜 프럼 미스터 조든

▶ '브래드 조단이라는 분에게서 전화 왔어요.' 라는 말은 Somebody named Brad Jordan called.라고 표현할 수 있습니다.

3 _ 무슨 용건으로 전화했나요?

What did he say it was about?

왓 디드 히 쎄이 잇 워즈 어바웃

4 _ 전화해 달라고 했습니다.

He wanted you to call him back.

히 원티드 유 투 콜 힘 배액

5 _ 다시 전화한다고 하셨어요.

He said he'd call back again.

히 쎄드 히드 콜 백 어게인

Part 3 전화 트러블

01 통화가 힘들 때

1 _ 통화중이에요.

The line's busy.

더 라인즈 비지

▶ 통화 중 신호만 들린다는 말은 I just can hear a busy signal.로 표현할 수 있습니다.

2 _ 지금 아무도 전화를 안 받아요.

No one's answering the phone now.

노우 원즈 앤써링 더 포운 나우

▶ There is no answer.라고 해도 비슷한 표현입니다.

3 _ 그와 통화가 되지 않네요.

I cannot get through to him by phone.

아이 캐낫 겟 뜨루 투 힘 바이 포운

▶ get through : (전화 등으로) 연결하다

4 _ 전화가 갑자기 끊겼어요.

The phone was suddenly cut off.

더 포운 워즈 써든리 컷 오프

▶ cut off : 끊다, 중단하다

02 어렵게 통화됐을 때

1 _ 당신과 전화 통화하기 정말 어렵네요.

It's very difficult to reach you by phone.

잇츠 베리 디피컬트 투 리취 유 바이 포운

2 _ 당신에게 어젯밤 내내 전화했어요.

I tried to call you all last night.

아이 트라잇 투 콜 유 올 라스트 나잇

▶ 당신 전화가 계속 통화 중이었다라는 말은 Your line has been continually busy.라고 표현하면 됩니다.

3 _ 전화를 걸 때마다 통화 중이었어요.

Whenever I called you, your line was busy.

웬에버 아이 콜 쥬 유어 라인 워즈 비지

4 _ 왜 그렇게 전화를 늦게 받으세요?

What took you so long to answer the phone?

왓 투크 유 쏘우 로옹 투 앤써 더 포운

5 _ 왜 어제 전화를 받지 않았죠?

Why didn't you answer the phone yesterday?

와이 디든 유 앤써 더 포운 예스터데이

전화하기 09

03 전화 상태가 안 좋을 때

1 _ 연결 상태가 좋지 않군요.

We have a bad connection.
위 해브 어 배앳 커넥션

▶ connection : (전화의) 접속, 연결

2 _ 잡음이 너무 심합니다.

I'm getting too much static.
아임 게팅 투 머취 스태틱

▶ static : 잡음

3 _ 내 전화에 문제가 있어요.

Something's wrong with my phone.
썸띵즈 로옹 위드 마이 포운

▶ 무언가가 잘못되었을 때에는 Something's wrong with ~.라는 표현을 쓰면 됩니다.

4 _ 다른 전화기로 다시 걸겠습니다.

I'll call you back on another line.
아윌 콜 유 백 온 어나더 라인

5 _ 지금은 어때요? 나아졌나요?

How's this now? Is this better?
하우즈 디스 나우 이즈 디스 베러

203

04 잘 안 들릴 때

1 _ 당신 말이 잘 안 들려요.
I can't hear you well.
아이 캔트 히어 유 웨엘

▶ Can you hear me?라고 하면 '내 말 들리세요?'라는 말이 됩니다.

2 _ 좀 크게 말씀해 주시겠습니까?
Can you speak up a little?
캔 유 스픽 업 어 리를

▶ 비슷한 표현은 Can you speak louder?, Speak louder, please. 등이 있습니다.

3 _ 다시 한 번 말씀해 주실래요?
Could you repeat that, please?
쿠 쥬 리피잇 댓 플리-즈

4 _ 당신이 말하는 것을 알아들을 수가 없어요.
I can't make out what you're saying.
아이 캔트 메익 아웃 왓 유어 쎄잉

▶ make out : 이해하다, 알아듣다

5 _ 잘 안 들립니다. 다시 전화해 주시겠어요?
I can't hear you. Can you call again?
아이 캔트 히어 유 캔 유 콜 어게인

05 잘못 걸었을 때

1 _ 죄송하지만 잘못 거셨습니다.

I'm sorry, you have the wrong number.

다임 쏘리 유 햅 더 로옹 넘버

▶ 이 표현은 잘못 걸려온 전화를 받았을 때 쓸 수 있는 표현입니다.

2 _ 몇 번으로 전화를 거셨습니까?

What number did you call?

왓 넘버 디 쥬 코올

3 _ 437-3270이 아닙니까?

Is this 437-3270?

이즈 디스 포 뜨리 쎄번 뜨리 투 쎄번 지로우

4 _ 번호는 맞지만, 그런 이름을 가진 사람은 없습니다.

That's this number, but there's nobody by that name.

댓츠 디스 넘버 벗 데어스 노바디 바이 댓 네임

▶ He's not here anymore.라고 하면 '그 사람은 더 이상 여기 살지 않는다.'라는 말이 됩니다.

5 _ 전화 번호가 바뀐 것 같습니다.

I think he changed his number.

아이 띵크 ㅎ 췌인쥐드 히즈 넘버

알아 두면 좋은 영단어

⊙ 전화와 우편

telephone 텔러포운	전화
long distance call 롱 디스턴스 콜	시외 전화(장거리)
international call 인터내셔널 콜	국제 전화
collect call 컬렉트 콜	컬렉트 콜
operator 아퍼레이터	교환
cellular phone 쎌룰러 포운	휴대폰
area code 에리어 코드	지역 번호
post office 포우스트 오-피스	우체국
letter 레러	편지
stamp 스탬프	우표
postage 포우스티지	우편 요금
parcel 파-썰	소포
address 어드레스	주소
zip code 짚 코우드	우편 번호
registered mail 레지스터드 메일	등기 우편
express mail 익스프레스 메일	속달 우편
airmail 에어메일	항공 우편

교통 수단

PART 1. 버스를 이용할때
PART 2. 지하철을 이용할때
PART 3. 기차를 이용할때
PART 4. 택시를 이용할때
PART 5. 자동차를 이용할때

Part 1 버스를 이용할 때

01 버스 노선 문의

1 _ 실례합니다. 버스 정류장이 어디에 있죠?

Excuse me. Where's the bus stop?

익스큐-즈 미 웨얼즈 더 버스 스타압

▶ 버스 정류장의 위치를 물을 때 Is there a bus stop around here?라는 표현을 써도 됩니다.

2 _ 브로드웨이로 가려면 어떤 버스를 타야 합니까?

Which bus should I take to go to Broadway?

위치 버스 슏 아이 테익 투 고우 투 브로드웨이

▶ 비슷한 의미의 표현은 Which bus goes to Broadway?, Can I take a bus to Broadway from here? 등이 있습니다.

3 _ 3번을 타세요. 그 버스가 거기로 갈 겁니다.

Take number 3. It'll take you there.

테익 넘버 쓰리이 잇윌 테이 큐 데어

4 _ 다른 버스는 있나요?

Are there any other buses to take me there?

아 데어 애니 아더 버시스 투 테익 미 데어

02 운행 시간과 요금 문의

1 _ 버스가 몇 시에 출발하나요?

When does the bus leave?

웬 더즈 더 버스 리브

▶ 도착 시간을 물을 때는 When will it get there?라고 하면 됩니다.

2 _ 이 노선의 버스들은 얼마 간격으로 운행됩니까?

How often do the buses run on this route?

하우 오픈 두 더 버시스 런 언 디스 루우트

3 _ 버스는 15분 간격으로 운행합니다.

The buses run every 15 minutes.

더 버시스 런 에브리 핍틴 미닛츠

▶ every는 뒤에 숫자를 나타내는 말들과 같이 쓰여 '~간격으로, ~마다'라는 뜻을 나타냅니다.

4 _ 거기까지 가는 데 얼마나 걸립니까?

How long will it take to get there?

하우 로옹 월 잇 테익 투 겟 데어

5 _ 버스 시간표 있나요?

Is there a bus schedule?

이즈 데어 러 버스 스케쥴

▶ schedule : 시간표, 시각표

6 _ 매표소가 어디에요?

Where's the ticket counter?

웨얼즈 더 **티킷 카운터**

7 _ 요금은 얼마입니까?

How much is the fare?

하우 머취 이즈 더 **페어**

▶ '~까지 요금은 얼마인가요?'라는 말은 How much is the fare to ~?라고 하면 됩니다.

03 버스를 타고 내릴 때

1 _ 이 버스가 브로드웨이로 가는 버스입니까?

Does this bus take me to Broadway?

더즈 **디스** 버스 **테익** 미 투 **브로드웨이**

2 _ 여기 자리 있나요?

Is this seat taken?

이즈 **디스** 씨잇 **테이큰**

3 _ 브로드웨이에 가려면 어디에서 내려야 합니까?

Where do I get off for Broadway?

웨어 두 아이 겟 **어프** 포 **브로드웨이**

▶ get off : 내리다, 하차하다   cf. get on : 타다, 승차하다

4 _ 브로드웨이에 도착하면 얘기해 주시겠어요?

Could you tell me when I get to Broadway?

쿠 쥬 텔 미 웬 아이 겟 투 브로드웨이

5 _ 브로드웨이에 가려면 몇 정거장이 남았습니까?

How many more stops before we reach Broadway?

하우 매니 모어 스탑스 비포 위 리-취 브로드웨이

04 잘못 타거나 지나쳤을 때

1 _ 버스를 잘못 탄 것 같아요. 좀 세워 주시겠습니까?

I think I'm on the wrong bus. Could you stop, please?

아이 띵크 아임 온 더 로옹 버스 쿠 쥬 스탑 플리-즈

2 _ 이건 다른 버스입니다. 길을 건너서 3번 버스를 타세요.

This is the wrong bus. Cross the street and take the 3.

디스 이즈 더 로옹 버스 크로스 더 스트릿 앤 테익 더 뜨리이

3 _ 내릴 곳을 지나쳤습니다. 여기에서 내려 주시겠어요?

I missed my stop. Can you let me out here?

아이 미스트 마이 스타압 캔 유 렛 디 아웃 히어

Part 2 지하철을 이용할 때

01 지하철 노선 문의

1 _ 가장 가까운 지하철역이 어디 있습니까?

Where is the nearest subway station?

웨어 이즈 더 니어리스트 썹웨이 스테이션

▶ 지하철은 미국에서는 subway, 영국에서는 underground, 또는 tube라고 합니다.

2 _ 지하철역은 어떻게 가야 합니까?

How can I get to the subway station?

하우 캔 아이 겟 투 더 썹웨이 스테이션

▶ get to : ~에 도착하다, (일에) 착수하다, ~와 연락하다

3 _ 롯데월드에 가려면 몇 호선을 타야 하죠?

Which line goes to Lotte World?

위치 라인 고우즈 투 롯데 워얼드

▶ '2호선을 타세요.'라고 한다면 Take line number two.라고 표현할 수 있습니다.

4 _ 지하철을 타고 잠실역까지 가세요.

You should take the subway to Jamsil Station.

유 슈드 테익 더 썹웨이 투 잠실 스테이션

02 지하철을 타고 내릴 때

1 _ 표를 어디에서 살 수 있습니까?

Where can I buy a ticket?

웨어 캔 아이 바이 어 티킷

2 _ 어느 역에서 갈아타야 합니까?

What station do I transfer at?

왓 스테이션 두 아이 트랜스퍼 앳

▶ transfer : 갈아타다

3 _ 어디에서 내려야 합니까?

Where should I get off?

웨어 슛 아이 겟 어프

▶ Get off three stops later.라고 하면 '세 정거장 후에 내리세요.'라는 표현입니다.

4 _ 방금 지나친 역 이름이 뭔가요?

What's the name of the station we just passed?

왓츠 더 네임 오브 더 스테이션 위 저스트 패스드

5 _ 롯데월드로 나가는 출구가 어디입니까?

Where is the exit for Lotte World?

웨어 이즈 디 에그지트 포 롯데 워얼드

Part 3 기차를 이용할 때

01 기차에 대해 문의할 때

1 _ 기차를 타려면 미리 예약을 해야 하나요?

Do I have to make a reservation to take a train?

두 아이 햅 투 메이 커 레줘베이션 투 테이 커 츄레인

2 _ 보스턴행 열차는 얼마나 자주 있습니까?

How often do trains run to Boston?

하우 오-편 두 츄레인즈 런 투 보스턴

▶ 기차가 30분 간격으로 있다면 It leaves every thirty minutes. 라고 하면 됩니다.

3 _ 몇 시에 기차가 출발합니까?

What time does the train start?

왓 타임 더즈 더 츄레인 스타아트

▶ What time does the train arrive?라고 하면 '기차가 몇 시에 도착합니까?' 라는 표현입니다.

4 _ 보스턴까지는 얼마나 걸립니까?

How long does it take to get to Boston?

하우 롱 더즈 잇 테익 투 겟 투 보스턴

5 _ 다음 열차는 몇 시에 있나요?

What time is the next train?

왓 타임 이즈 더 넥스트 츄레인

6 _ 열차에 침대차가 있나요?

Is there a sleeping car?

이즈 데어 러 슬리핑 카

▶ sleeping car는 열차의 침대차를 말하는데 미국에서는 sleeper 라고 하기도 합니다. 식당차는 dining car로 표현합니다.

02 표를 구입할 때

1 _ 보스턴행 기차표를 예매하고 싶습니다.

I'd like to make a reservation for Boston.

아이드 라잌 투 메이 커 레줘베이션 포 보스턴

2 _ 보스턴행 표 한 장 주세요.

A ticket to Boston, please.

어 티킷 투 보스턴 플리즈

3 _ 편도표로 주세요.

I need a one-way ticket, please.

아이 니잇 어 원-웨이 티킷 플리즈

▶ 왕복표는 round-trip ticket로 표현합니다.

03 기차에 탑승할 때

1 _ 보스턴행은 몇 번 트랙입니까?

What track is for Boston?

왓 트랙 이즈 포 보스턴

2 _ 이 열차가 보스턴으로 가는 열차입니까?

Is this the train to Boston?

이즈 디스 더 트레인 투 보스턴

> ▶ '이 기차가 ~행인가요?' 라는 말은 Is this the train to ~?라는 표현을 쓰면 됩니다.

3 _ 좌석 찾는 것을 도와주시겠습니까?

Can you help me find this seat?

캔 유 헬프 미 파인드 디스 씨잇

4 _ 승차권 좀 보여 주시겠습니까?

May I see your ticket, please?

메이 아이 씨 유어 티킷 플리-즈

5 _ 객차를 잘못 타셨어요. 두 칸 더 올라가세요.

You're in the wrong car. You should go two cars up .

유어 인 더 로옹 카아 유 슈드 고우 투 카즈 어업

> ▶ 열차의 객차는 미국에서는 car, 영국에는 coach라고 합니다.

Part 4 택시를 이용할 때

01 택시를 부르거나 잡을 때

1 _ 택시 한 대 불러 주시겠어요?

Could you call a taxi for me?
쿠 쥬 콜 어 택시 포 미

▶ 호텔이나 식당 등에서 택시를 불러달라고 할 때 쓸 수 있는 표현입니다.

2 _ 30분 전에 택시를 불렀는데, 아직 안 왔습니다.

I called for a taxi 30 minutes ago, but it hasn't arrived.
아이 콜드 프 러 택시 떠리 미닛츠 어고우 벗 잇 해즌트 어라이브드

3 _ 택시를 어디에서 탈 수 있나요?

Where can I catch a cab?
웨어 캔 아이 캐취 어 캡

▶ taxi를 cab이라고 하기도 합니다. 택시 정거장을 묻는 표현은 Where is a taxi stand?라는 말을 쓰면 됩니다.

4 _ 이 근처에 택시 잡기 좋은 곳이 있나요?

Is there a good place to catch a taxi near here?
이즈 데어 어 굳 플레이스 투 캐취 어 택시 니어 히어

02 택시를 타고 내릴 때

1 _ 어디로 가십니까?

Where to, sir?

웨어 투 써어

▶ 이 표현은 택시 운전사가 손님에게 목적지를 묻는 표현입니다.

2 _ 힐튼 호텔로 가 주세요.

Please take me to the Hilton Hotel.

플리즈 테익 미 투 더 **힐튼** 호텔

▶ 택시를 타고 '~에 가 주세요.' 라는 말은 Please take me to ~. 라는 표현을 쓸 수 있습니다.

3 _ 이 주소로 데려다 주시겠습니까?

Can you take me to this address, please?

캔 유 테익 미 투 디스 애드레스 플리즈

4 _ 시간은 얼마나 걸릴까요?

How long will it take?

하우 로옹 윌 잇 테익

5 _ 여기에서 공항까지 요금이 얼마나 나올까요?

What will the fare be from here to the airport?

왓 윌 더 페어 비 프롬 **히**어 투 디 **에**어폿

6 _ 가장 빠른 길로 부탁합니다.
Take the fastest way, please.
테익 더 패스티스트 웨이 플리-즈

▶ '서둘러 주세요.'는 Hurry up, please.라고 말하면 됩니다.

7 _ 다 왔습니다, 손님. 어디에서 내려 드릴까요?
Here we are, sir. Where should I let you out?
히어 위 아 써어 웨어 슈드 아이 렛 유 아웃

8 _ 다음 코너에서 내려 주세요.
Please drop me off at the next corner.
플리즈 드랍 미 어프 앳 더 넥스트 코너

9 _ 앞에 있는 교차로에서 내려 주시겠어요?
Can you drop me off at the intersection ahead?
캔 유 드랍 미 어프 앳 디 인터섹션 어헤드

10 _ 요금이 얼마죠?
How much is the fare?
하우 머취 이즈 더 페어

11 _ 잔돈은 가지세요.
Keep the change.
킵 더 체인쥐

Part 5 자동차를 이용할 때

01 차에 태워 주고 내려 줄 때

1 _ 은행까지 저를 좀 태워다 주실래요?

Could you give me a ride to the bank?
쿠 쥬 깁 미 어 라이드 투 더 뱅크

▶ ride는 차에 태움이란 뜻으로 give ~ a ride라고 하면 '~를 차에 태워 주다' 라는 말이 됩니다.

2 _ 타세요! 그 곳으로 데려다 줄게요.

Get in! I'll take you there.
겟 이인 아윌 테이 큐 데어

▶ get in은 개인 자가용이나 택시를 탈 때 사용하고 get on은 버스나 지하철 등 공공 교통 수단을 탈 때 사용합니다.

3 _ 제가 태워 드릴까요?

Do you need a lift?
두 유 니잇 어 리프트

▶ lift : (걸어가는 사람을) 차에 태워 줌

4 _ 안전벨트를 매세요.

Put on your seat belt.
풋 온 유어 씨잇 벨트

5 _ 자, 그러면 갑니다!

Here we go!

히어 위 고우

> Here we go.는 '함께 가자, 우리 간다' 라는 뜻도 있고, 지겨운 상황이 반복될 때 '또 시작이군.' 이란 의미를 나타내기도 합니다.

6 _ 어디에서 내려 주면 되나요?

Where shall I drop you off?

웨어 쉘 아이 드랍 유 오프

7 _ 은행 앞에 세워 주세요.

Please pull up in front of the bank.

플리-즈 풀 업 인 프런트 오브 더 뱅크

> pull up : (차 등이) 서다, (운전자가) 차를 세우다

02 길을 안내할 때

1 _ 우리 어디로 가야 하죠?

Where do we go?

웨어 두 위 그우

2 _ 교차로에서 직진하세요.

Go straight at the intersection.

고우 스트레잇 앳 디 인터섹션

3 _ 좌측 차선으로 들어가세요.

Get over in the left lane.

겟 오우버 인 더 레프트 레인

4 _ 다음 교차로에서 좌회전하세요.

Turn left at the next intersection.

터언 레프트 앳 더 넥스트 인터섹션

▶ turn left[right] at ~ : ~에서 좌회전[우회전]하다

03 교통 체증이 있을 때

1 _ 오늘은 교통이 아주 혼잡하군요.

The traffic is really bad today.

더 트래픽 이즈 리얼리 뱃 터데이

▶ 교통 체증은 traffic jam이라고 표현하면 됩니다.

2 _ 무엇 때문에 밀리죠?

What's the holdup?

왓츠 더 호울드업

▶ holdup : (수송 등의) 정체, 지체

3 _ 이 거리는 교통량이 많아요.

The traffic on this street is heavy.

더 트래픽 온 디스 스트리잇 이즈 헤비

4 _ 러시아워에는 항상 이래요.

It's always like this during rush hour.

잇츠 올웨이즈 라익 디스 듀어링 러쉬 아우어

▶ rush hour : (출·퇴근시의) 혼잡한 시간

5 _ 앞에서 교통사고라도 난 것 같은데요.

I wonder if there's an accident up ahead.

아이 원더 이드 데어스 언 액써던트 업 어헤드

04 운전을 교대할 때

1 _ 운전 잘하세요?

Are you a good driver?

아 유 어 굳 드라이버

2 _ 졸음이 오네요. 대신 운전 좀 해 줄래요?

I feel sleepy. Can you take over the wheel?

아이 필 슬라-피 캔 유 테익 오버 더 휘일

▶ take over : 대신하다, 인계받다   wheel : 자동차

3 _ 교대로 운전하는 게 좋을 것 같아요.

We'd better take turns driving.

위드 베러 테익 터언즈 드라이빙

05 차를 점검할 때

1 _ 자동차 점검을 하러 왔어요.

I'm here for the inspection.
아임 히어 포 디 인스펙션

▶ '차가 고장났다.'는 My car broke down.으로 말하면 됩니다.

2 _ 시동이 잘 걸리지 않습니다.

My car doesn't start very well.
마이 카아 더즌트 스타트 베리 웨엘

3 _ 바퀴가 펑크 났습니다.

I have a flat tire.
아이 해브 어 플랫 타이어

▶ '바퀴가 펑크 나다'는 have a flat tire라고 표현합니다.

4 _ 엔진에서 이상한 소리가 들립니다.

There is a strange noise coming from the engine.
데어 이즈 어 스트레인쥐 노이즈 커밍 프럼 디 엔쥔

5 _ 수리하는 데 시간이 얼마나 걸릴까요?

How long do you need to repair it?
하우 로옹 두 유 니잇 투 리페어 잇

6 _ 엔진 오일 좀 봐 주시겠어요?

Could you check the engine oil?

쿠 쥬 첵 디 엔쥔 오일

7 _ 전체적으로 제 차를 점검해 주시겠습니까?

Could you give my car an overall checkup?

쿠 쥬 깁 마이 카아 언 오버로올 췌크업

▶ overall : 종합적인, 전체적인 checkup : 정밀 검사

06 주유소에서

1 _ 연료가 거의 떨어져 가요. 기름을 넣는 게 좋겠어요.

We're low on gas. We'd better fill it up.

위어 로우 온 개스 위드 베러 필 잇 어업

▶ 여기서 gas는 gasoline의 약자로 휘발유를 달합니다. 그러므로 주유소도 gas station이라고 표현합니다.

2 _ 가득 채워 주시요.

Fill it up, please.

필 잇 어업 플리-즈

3 _ 20리터만 넣어주세요.

Just put in 20 liters, please.

저스트 풋 인 트윈티 리러즈 플리-즈

07 차를 빌릴 때

1 _ 차를 한 대 빌리고 싶습니다.

I'd like to rent a car, please.

아이드 라익 투 렌트 어 카아 플리즈

2 _ 어떤 차를 원하십니까?

What kind of car would you like?

왓 카인 더브 카아 우 쥬 라익

3 _ 중형차로 주세요.

I'd like a midsize.

아이드 라이 커 미드싸이즈

▶ 차의 종류를 말할 때 소형차는 compact car, 중형차는 midsize, 고급 대형차는 luxury sedan이라고 표현합니다.

4 _ 오토매틱 차를 원합니다.

I'd like an automatic.

아이드 라이 컨 오토매틱

▶ automatic은 '자동의, 기계적인'의 뜻이 있지만 자동변속기가 달린 자동차를 말하기도 합니다.

5 _ 얼마 동안 쓰시겠습니까?

How long would you like to use it?

하우 로옹 우 쥬 라익 투 유즈 잇

교통 수단 **10**

6 _ 이틀 동안 빌리고 싶습니다.

I'd like to keep it for two days.

아이드 라익 투 키 핏 포 투 데이즈

7 _ 차를 대여하는 요금이 어떻게 됩니까?

What are your rates for renting a car?

왓 아 유어 레잇츠 포 렌팅 어 카아

8 _ 차는 어디로 반납합니까?

Where can I leave the car?

웨어 캔 아이 리브 더 카아

9 _ 공항으로 반납하세요.

You must return the car to the airport.

유 머스트 리턴 더 카아 투 디 에어포트

10 _ 보험이 필요하십니까?

Do you require insurance?

두 유 리콰이어 인슈어런스

▶ insurance : 보험

11 _ 종합 보험으로 하겠습니다.

I'd like full coverage, please.

아이드 라익 풀 커버리쥐 플리즈

▶ full coverage : 종합 보험

알아 두면 좋은 영단어

⊙ 교통 관련 단어

airplane	에어플레인	비행기
airport	에어포-트	공항
train	트레인	기차
train station	트레인 스테이션	기차역
subway	썹웨이	지하철
subway station	썹웨이 스테이션	지하철역
ship	쉽	배
harbor	하-버	항구
berth	버-쓰	선착장
boat	보우트	보트
bus	버스	버스
bus stop	버스 스탑	버스 정류장
express bus	익스프레스 버스	고속 버스
tour bus	투어 버스	관광 버스
shuttle bus	셔틀 버스	왕복 버스
limousine	리머진	리무진 버스
taxi	택시	택시

쇼핑하기

PART 1. 쇼핑하기
PART 2. 가격 흥정
PART 3. 계산할 때
PART 4. 다양한 상점들
PART 5. 교환과 환불

Part 1 쇼핑하기

01 매장 위치를 찾을 때

1 _ 숙녀복은 몇 층에 있습니까?

Which floor is the ladies's wear on?

위치 플로어 이즈 더 레이디즈 웨어 온

▶ 남성복은 men's wear, 아동복은 children's wear라고 합니다.

2 _ 화장품 코너는 어디에 있나요?

Where is the cosmetic counter?

웨어 이즈 더 카즈메릭 카운터

▶ 만약 3층에 있다면 It's on the third floor.라고 하면 됩니다.

3 _ 가전제품은 어디서 팝니까?

Where do they sell household appliances?

웨어 두 데이 쎌 하우스호울드 어플라이언시스

▶ household appliances : 가전제품

4 _ 에스컬레이터를 타고 3층으로 가세요.

Take the escalator to the third floor.

테익 더 에스컬레이러 투 더 써어드 플로어

▶ '엘레베이터를 타고 5층에서 내리세요.' 라는 말은 Take the elevator and get off on the 5th floor.라고 하면 됩니다.

02 상품을 찾을 때

1 _ 도와드릴까요?

May I help you? / How can I help you?
메이 아이 헬프 유 / 하우 캔 아이 헬프 유

2 _ 재킷 하나 찾고 있습니다.

I'm looking for a jacket.
아임 룩킹 포 러 재킷

▶ 물건을 찾을 때에는 I'm looking for ~., 또는 I'm trying to find ~.라는 표현을 쓸 수 있습니다.

3 _ 내 아내에게 줄 선물을 찾고 있습니다.

I'm trying to find a present for my wife.
아임 츄라잉 투 파인드 어 프레즌트 포 마이 와이프

▶ 만약 추천을 부탁한다면 What do you think will be a good present for my wife?라고 표현하면 됩니다.

4 _ 모자 좀 보여 주세요.

Please show me some hats.
플리-즈 쇼우 미 썸 햇츠

5 _ 이런 물건은 있습니까?

Do you have this in stock?
두 유 해브 디스 인 스탁

03 상품을 추천할 때

1 _ 특별히 마음에 둔 스타일이 있습니까?

Do you have a particular style in mind?

두 유 해브 어 퍼티큐러 스타일 인 마인드

▶ have ~ in mind : ~을 마음에 두다

2 _ 원하시는 브랜드가 있습니까??

Is there any special brand you like?

이즈 데어 애니 스페셜 브랜드 유 라익

▶ What brand do you prefer?라고 해도 비슷한 표현입니다.

3 _ 좋아하는 색상은 있나요?

Do you have a favorite color?

두 유 해브 어 페이버릿 컬러

▶ favorite : 마음에 드는, 매우 좋아하는

4 _ 이것을 한번 보실래요?

Why don't you take a look at this?

와이 돈 츄 테이 커 룩 앳 디스

5 _ 이것은 어떻습니까?

How do you like this one?

하우 두 유 라익 디스 원

04 상품을 선전할 때

1 _ 이 물건이 가장 잘 팔리는 브랜드입니다.
This is the largest selling brand.
디스 이즈 더 라지스트 쎌링 브랜드

▶ 가장 인기 있는 모델이라면 This is the most popular model.
이라고 하면 됩니다.

2 _ 이것이 요즘 잘 팔리는 상품입니다.
This is a hot sale item nowadays.
디스 이즈 어 핫 쎄일 아이럼 나우어데이즈

▶ hot은 구어에서 '인기 있는, 유행하는'의 뜻으로 쓰이기도 합니다.

3 _ 그 물건은 날개 돋친 듯이 팔립니다.
It sells like hot cakes.
잇 쎌즈 라익 핫 케익스

▶ sell like hot cakes : 날개 돋친 듯이 팔리다

4 _ 이게 저희가 갖고 있는 가장 좋은 물건입니다.
This is the best one that we have.
디스 이즈 더 베스트 원 댓 위 해브

5 _ 1년 동안 품질 보증을 해 드립니다.
The product is guaranteed for 1 year.
더 프라덕트 이즈 개런티-드 포 원 이어

05 찾는 상품이 없을 때

1 _ 죄송하지만 그런 상품은 없습니다.

I'm sorry. We don't carry that item.

아임 쏘리 위 돈 캐리 댓 아이럼

▶ carry : (물품을) 가게에 놓다, 팔고 있다

2 _ 잠시 품절 상태입니다.

We are temporarily out of stock.

위 아 템퍼레러리 아웃 오브 스타악

▶ out of stock : 매진되어, 품절되어

3 _ 그 물건은 언제 살 수 있나요?

When can I get it?

웬 캔 아이 겟 잇

▶ 언제 물건이 들어오느냐고 묻는다면 When will it be coming in?으로 말하면 됩니다.

4 _ 조만간 가져다 놓으실 건가요?

Will you have some more in soon?

윌 유 햅 썸 모어 인 수운

5 _ 다음 주 금요일까지는 물건이 들어올 겁니다.

That'll be ready by next Friday.

댓윌 비 레디 바이 넥스트 프라이데이

06 상품이 마음에 들 때

1 _ 이 물건이 딱 내 취향입니다.

This is my favorite.
디스 이즈 마이 페이버릿

▶ I like this one best.라고 해도 비슷한 표현입니다.

2 _ 아주 좋은데요! 사겠습니다.

This is perfect! I'll take it.
디스 이즈 퍼펙트 아윌 테익 킷

3 _ 나는 저게 더 좋아요.

I like that better.
아이 라익 댓 베러

4 _ 각각 하나씩 사겠습니다.

I'll take one of each.
아윌 테익 원 오브 이-취

▶ '둘 다 주세요.'는 I'll take them both.라고 말하면 됩니다.

5 _ 보면 볼수록 마음에 듭니다.

The more I see it, the more I like it.
더 모어 아이 씨 잇 더 모어 아이 라익 킷

▶ The more ~, the more ~ : ~할수록 더 ~하다

235

07 상품이 마음에 안 들 때

1 _ 마음에 안 드는데요. 다른 것을 보여 주실래요?
I don't like it. Can you show me others?
아이 돈 라이 킷 캔 유 쇼우 미 아더즈

▶ Will you show me some?이라고 하면 '몇 가지 더 보여 주시 겠습니까?'라는 말이 됩니다.

2 _ 제 스타일이 아니군요.
It's not my style.
잇츠 낫 마이 스타일

▶ 다른 디자인을 보고 싶다면 May I see others in a different style?이라고 말할 수 있습니다.

3 _ 제가 찾는 물건이 없네요.
I can't find what I'm looking for.
아이 캔트 파인드 왓 아임 룩킹 포

4 _ 잠시 생각해 볼게요.
Let me think for a while.
렛 미 띵크 포 어 와일

5 _ 다른 데에도 가 봐야겠습니다.
I think I'll shop around.
아이 띵크 아윌 샵 어라운드

Part 2 가격 흥정

01 가격을 물을 때

1 _ 얼마에요?

How much is it?
하우 머취 이즈 잇

> 비슷한 의미의 표현은 How much do I have to pay for it?, How much will it cost? 등이 있습니다.

2 _ 이 물건은 가격표가 없습니다.

There's no price tag on this.
데어즈 노 프라이스 택 온 디스

> price는 물품을 매매할 때의 값을 말하고 charge는 일을 하는 데 드는 시간과 노력에 대해 지불하는 금액을 말합니다.

3 _ 할인하면 얼마입니까?

What's the price after discount?
왓츠 더 프라이스 애프터 디스카운트

4 _ 이것도 세일을 하나요?

Is this on sale also?
이즈 디스 온 쎄일 올쏘우

> on sale : 할인 판매 중

02 가격이 비쌀 때

1 _ 너무 비싼 것 같습니다.

I think it's too expensive.

아이 띵크 잇츠 투- 익스**펜**씨브

2 _ 그건 제 예산 밖입니다.

It's out of my budget.

잇츠 **아**웃 오브 마이 **버**짓트

▶ budget : 예산

3 _ 그것을 살 만한 돈이 없어요.

I don't have that much money.

아이 **돈** 해브 댓 머취 **머**니

▶ I can't afford it.이라고 해도 비슷한 표현입니다.

4 _ 이 스타일로 좀 싼 것은 없습니까?

Don't you have anything cheaper in this style?

돈 츄 해브 애니띵 **취**-퍼 인 디스 스타일

5 _ 어느 정도의 가격을 원하십니까?

What price range do you have in mind?

왓 프라이스 레인쥐 두 유 해브 인 **마**인드

03 할인을 부탁할 때

1 _ 이 물건 좀 깎아 주시겠어요?

Can you come down a little on this?

캔 유 컴 다운 어 리를 온 디스

▶ 비슷한 의미의 표현은 Can you give me a discount?, Can you come down on the price? 등이 있습니다.

2 _ 조금만 더 깎아 주시겠어요?

Can you discount this a little more?

캔 유 디스카운 디스 어 리를 모어

3 _ 물건을 많이 사면 할인을 받을 수 있나요?

If I buy lots of things do I get a discount?

이프 아이 바이 랏츠 오브 띵즈 두 아이 겟 어 디스카운트

4 _ 얼마나 깎아 주실 수 있습니까?

How much of a discount can you give me?

하우 머취 오브 어 디스카운트 캔 유 깁 미

5 _ 만약 현금으로 사면 좀 할인이 되나요?

If I pay in cash, would you give me a better deal?

이프 아이 페이 인 캐쉬 우 쥬 깁 미 어 베러 디일

04 할인 승낙과 거절

1 _ 아주 좋은 가격으로 드리겠습니다.

I'll give you a very good price.

아윌 깁 유 어 베리 굿 프라이스

▶ I'll give it to you very cheap.라고 해도 비슷한 표현입니다.

2 _ 이것을 판매가의 반액으로 드리겠습니다.

I'll offer this at half the sale price.

아윌 오-퍼 디스 앳 해프 더 쎄일 프라이스

3 _ 더 이상 할인해 드릴 수 없습니다.

I can't come down any more.

아이 캔트 컴 다운 애니 모어

▶ 가격을 제시하면서 '이 가격 이하로는 안 된다'라는 말은 I can't go any lower than this.라고 말하면 됩니다.

4 _ 죄송하지만 깎아 드릴 수가 없습니다.

I'm sorry. I cannot give you any discounts.

아임 쏘리 아이 캐낫 깁 유 애니 디스카운츠

5 _ 우리는 할인을 하지 않습니다. 정찰제입니다.

We do not bargain. Our prices are fixed.

위 두 낫 바겐 아워 프라이시즈 아 픽스트

▶ bargain : 값을 깎다, 흥정하다 fixed : 변하지 않는, 고정된

Part 3 계산할 때

01 계산할 때

1 _ 이 물건들 어디에서 계산하면 됩니까?

Where can I pay for these things?

웨어 캔 아이 페이 포 디-즈 띵즈

▶ pay for ~ : ~의 대금을 지불하다

2 _ 어디에서 계산하면 되죠?

Where do I pay?

웨어 두 아이 페이

3 _ 합계가 얼마입니까?

How much does that come to?

하우 머취 드즈 댓 컴 투

▶ 비슷한 표현은 How much is it all together?, What's the total for all of this? 등이 있습니다.

4 _ 현금으로 계산하시겠어요, 카드로 계산하시겠어요?

Will that be cash or charge?

윌 댓 비 캐쉬 오어 차아쥐

▶ 그냥 짧게 Cash or charge?라고 하기도 합니다. How would you like to pay for this?라고 해도 비슷한 의미의 표현입니다.

5 _ 현금으로 계산하겠습니다.

I'll pay in cash.

아윌 페이 인 캐쉬

▶ 영수증이 필요하면 Can I have a receipt, please?라고 하면 됩니다.

6 _ 거스름돈 여기 있습니다.

Here's your change.

히어즈 유어 췌인쥐

7 _ 수표로 지불해도 됩니까?

Can I write a check for this?

캔 아이 라잇 어 첵 포 디스

8 _ 카드로 계산하겠습니다.

I'll pay by credit card.

아윌 페이 바이 크레딧 카드

9 _ 여기에 서명해 주십시오.

Sign here, please.

싸인 히어 플리-즈

10 _ 죄송합니다. 우리 가게는 현금만 받습니다.

Sorry. We only take cash.

쏘리 위 온리 테익 캐쉬

02 계산이 틀릴 때

1 _ 계산서에 실수가 있는 것 같습니다.
I think there's a mistake on this bill.
아이 띵크 데어즈 어 미스테익 온 디스 비일

2 _ 실례지만, 거스름돈을 잘못 주셨습니다.
Excuse me, but you gave me the wrong change.
익스큐-즈 미 벗 유 게입 미 더 로옹 췌인쥐

3 _ 거스름돈을 덜 받았습니다.
I got shortchanged.
아이 갓 숏췌인쥐드

▶ 반대로 거스름돈을 많이 받았다면 You gave me too much change.라고 말하면 됩니다.

4 _ 여기 청구 금액이 빠진 게 있군요.
You missed a charge here.
유 미스트 어 차아쥐 히어

5 _ 계산을 다시 부탁해도 되겠습니까?
Would you mind checking the bill again?
우 쥬 마인드 췌킹 더 빌 어게인

03 포장을 부탁할 때

1 _ 포장 좀 해 주시겠어요?

Would you wrap this up?
우 쥬 랩 디스 업

▶ wrap ~ up : ~을 포장하다, 감싸다

2 _ 이것을 선물용으로 포장해 주시겠습니까?

Could you wrap this up as a gift?
쿠 쥬 랩 디스 업 애즈 어 기프트

3 _ 따로따로 포장을 부탁드립니다.

Wrap them separately, please.
랩 뎀 세퍼러틀리 플리-즈

▶ separately : 따로따로, 개별적으로

4 _ 담을 봉지 하나 주시겠습니까?

Can I have a bag with that?
캔 아이 해 버 백 위드 댓

▶ 만약에 쇼핑백을 얻고 싶다면 Could I have a shopping bag with that?이라고 말하면 됩니다.

5 _ 이 물건을 넣을 박스를 얻을 수 있을까요?

Is it possible to get a box for this?
이즈 잇 파서블 투 겟 어 박스 포 디스

04 배달을 부탁할 때

1 _ 이 주소로 배달 좀 부탁합니다.

I'd like you to deliver it to this address.
아이드 라익 유 투 딜리버 릿 투 디스 애드레스

2 _ 물건을 언제 받을 수 있죠?

When can I get it?
웬 캔 아이 겟 잇

▶ 만약 물건이 이틀 안에 배송된다면 It'll be delivered within 2 days.라고 말하면 됩니다.

3 _ 배송료를 지불해야 하나요?

Do I have to pay for the delivery?
두 아이 햅 투 페이 포 더 딜리버리

▶ 물건을 살 때 배송료 포함 가격인지를 묻는 말은 Is the delivery included?로 말할 수 있습니다.

4 _ 우리 집으로 보내 주실 수 있습니까?

Can you send this to my house?
캔 유 쎈 디스 투 마이 하우스

5 _ 이 물건들을 한국으로 보내 주시겠습니까?

Could you send these to Korea?
쿠 쥬 쎈 다즈 투 커리-어

Part 4 다양한 상점들

01 기념품 가게

1 _ 이 지방의 고유의 공예품을 사고 싶습니다.

I'm looking for some native crafts.

아임 **룩킹** 포 썸 네이리브 크래프츠

▶ native : 그 지방 고유의, 향토적인   craft : 공예품

2 _ 이 지방에서 유명한 것은 뭔가요?

What is this place famous for?

왓 이즈 디스 플레이스 **페**이머스 포어

▶ be famous for ~ : ~로 유명하다

3 _ 기념품으로 살 만한 것이 있습니까?

What can I take as a souvenir?

왓 캔 아이 **테**익 애즈 어 수-버니어

▶ 교육적인 것을 찾는다면 Do you have anything educational? 이라고 말하면 됩니다.

4 _ 이 물건들은 진짜 원주민들이 만든 기념품인가요?

Are these authentic native-made souvenirs?

아 **디**-즈 어-**뗀**틱 네이리브 메이드 수-버니어즈

▶ authentic : 진정한, 진짜의

02 보석 가게

1 _ 다이아 반지를 볼 수 있습니까?

Can I see some diamond rings?
캔 아이 씨 썸 다이어먼드 링즈

2 _ 순금인가요?

Is this pure gold?
이즈 디스 퓨어 골드

▶ 금으로 도금한 것은 gold plated라고 합니다.

3 _ 끼워 봐도 되나요?

May I try it on?
메이 아이 트라이 잇 온

▶ try ~ on : ~을 입어 보다, 끼워 보다

4 _ 보석 감정서도 같이 주나요?

Does this come with a certificate of authenticity?
더즈 디스 컴 위드 어 서티피커트 오브 어-뗀티서티

▶ certificate : 증명서 authenticity : 진짜, 확실성

5 _ 반지 사이즈를 조절할 수 있습니까?

Can you adjust the size of the ring?
캔 유 어저스트 더 싸이즈 오브 더 링

03 옷 가게

1 _ 사이즈가 어떻게 되나요?

What size do you wear?
왓 싸이즈 두 유 웨어

2 _ 중간 사이즈를 입습니다.

I wear a medium
아이 웨어 어 미-디엄

▶ 작은 사이즈는 small, 중간은 medium, 큰 사이즈는 large, 더 큰 사이즈는 extra-large로 말하면 됩니다.

3 _ 무슨 재질로 만들어졌습니까?

What material is it made of?
왓 머티리얼 이즈 잇 메이드 오브

4 _ 입어봐도 되나요?

Can I try this on?
캔 아이 트라이 디스 언

5 _ 너무 꽉 조입니다. 약간 큰 것이 있습니까?

It's too tight. Do you have a larger size?
잇츠 투- 타잇 두 유 해브 어 라져 싸이즈

▶ 헐렁하다면 loose, 작다면 small, 크다면 big으로 표현하고 옷이 딱 맞는다면 It's just right.라고 말하면 됩니다.

쇼핑하기 11

6 _ 이 옷으로 더 작은 사이즈가 있습니까?

Does this come in a smaller size?

더즈 디스 컴 인 어 스모올러 싸이즈

7 _ 한 치수 큰 것을 보여 주시겠습니까?

Could you show me one size up?

크 쥬 쇼우 미 원 싸이즈 업

8 _ 스타일이 마음에 안 듭니다. 다른 것을 보여 주실래요?

I don't like the style. Can you show me others?

아이 돈 라익 더 스타일 캔 유 쇼우 미 아더즈

9 _ 옷이 너무 화려해요. 좀 수수한 것이 없습니까?

It's too flash. Can't you find something more casual?

잇츠 투 플래쉬 캔 츄 파인드 썸띵 모어 캐쥬얼

10 _ 이것과 같은 디자인으로 다른 색상 있습니까?

Do you have this in another color?

두 유 해브 디스 인 어나더 컬러

11 _ 길이 좀 줄여 주시겠어요?

Can I have it shortened?

캔 아이 해브 잇 숏튼드

04 화장품 가게

1 _ 로션 좀 볼 수 있을까요?

Can I see some lotions?
캔 아이 씨– 썸 로션즈

2 _ 이것은 무슨 향입니까?

What type of fragrance is this?
왓 타입 오브 프레이그런스 이즈 디스

▶ fragrance : 향기, 향기로움

3 _ 피부가 지성인가요, 건성인가요?

Do you have oily or dry skin?
두 유 해브 오일리 오어 드라이 스킨

▶ oily : (피부가) 지성인   dry : (피부가) 건성인

4 _ 어떤 제품에는 알레르기가 있습니다.

I'm allergic to some products.
아임 얼러직 투 썸 프라덕츠

▶ allergic : 알레르기의, 알레르기 체질의

5 _ 여기 샘플이 있습니다. 발라 보세요.

Here's tester. Please try it.
히어즈 테스터 플리–즈 트라이 잇

Part 5 교환과 환불

01 교환할 때

1 _ 물건이 찢어졌는데 다른 것으로 교환할 수 있습니까?

This is torn. Can I exchange it for another one?

디스 이즈 토온 캔 아이 익스췌인쥐 잇 포 어나더 원

▶ 만약 얼룩이 묻어 있다면 It has some spots.로 말하면 됩니다.

2 _ 제대로 작동하지 않아요.

It's not working right.

잇츠 낫 워-킹 라잇

▶ 가전제품 등이 제대로 작동하지 않고 고장나다라는 표현은 위 표현 외에 break down, out of order라는 표현이 있습니다.

3 _ 제가 살 때에는 결함이 있는 것을 몰랐어요.

I didn't find any defects when I bought it.

아이 디든트 파인드 애니 디-펙츠 웬 아이 보-옷 잇

▶ defect : 결함, 결점, 단점

4 _ 그것 대신 새 것으로 바꿔 주시겠어요?

Can I get a new one for it?

캔 아이 겟 어 뉴 원 포 잇

02 환불할 때

1 _ 이것을 환불해 주시겠어요?
May I have a refund on this, please?
메이 아이 해브 어 리-펀드 온 디스 플리-즈

▶ refund : 환불, 상환

2 _ 환불하고 싶습니다.
I'd like to get a refund, please.
아이드 라익 투 겟 어 리-펀드 플리-즈

3 _ 영수증이 있으신가요?
Do you have the receipt on you?
두 유 해브 더 리씨-잇 온 유

▶ 영수증이 없어 환불이 곤란하다고 말한다면 If you don't have the receipt, we can't do it for you.라고 말할 수 있습니다.

4 _ 현금으로 계산하셨나요, 카드로 계산하셨나요?
Did you pay by cash, or credit card?
디 쥬 페이 바이 캐쉬 오어 크레딧 카드

5 _ 저희 가게에서는 규정상 환불을 해 주지 않습니다.
It's against store policy to give refunds.
잇츠 어게인스트 스토어 팔러시 투 기브 리-펀즈

▶ against : ~에 반하는, ~에 반대하는

알아 두면 좋은 영단어

⊙ 쇼핑 장소 관련 단어

department store	디팔먼 스토어	백화점
shopping center	샤핑 쎈터	쇼핑 센터
shoe store	슈 스토어	신발 가게
souvenir shop	수버니어 샵	기념품점
sports shop	스포어츠 샵	스포츠용품점
stationery shop	스테이셔너리 샵	문구점
bookstore	북스토어	서점
camera shop	캐머러 샵	카미라점
antique shop	앤틱 샵	골동품점
duty-free shop	듀티-프리 샵	면세품점
jewelry store	쥬얼리 스토어	보석점
toy shop	토이 샵	장난감 가게
furniture store	퍼니쳐 스토어	가구점
grocery	그로써리	식료품점
fish shop	피쉬 샵	생선 가게
fruit shop	프루웃 샵	과일 가게
optician's	답티션즈	안경점

알아 두면 좋은 영단어

⊙ 선물 관련 단어

souvenir 수버니어	기념품
gift 기프트	선물
accessories 액쎄써리즈	액세사리
antique 앤틱	골동품
handicraft 핸디크래프트	수공예품
folkcraft 포욱크래프트	민예품
cosmetics 커즈매틱스	화장품
leather goods 레더 굳즈	가죽 제품
local product 로우컬 프라덕트	특산품
jewelry 쥬얼리	보석
bracelet 브레이슬릿	팔찌
necklace 넥클리스	목걸이
imitation 이미테이션	모조품
gloves 글러브즈	장갑
hat 햇	모자
pottery 파터리	도기
ring 링	반지

알아 두면 좋은 영단어

⊙ 의류 관련 단어

men's wear 맨즈 웨어	남성복
ladies' wear 레이디즈 웨어	숙녀복
children's wear 칠드런즈 웨어	아동복
business suit 비지니스 수웃	신사복
jacket 재킷	상의
fitting room 피팅 룸	탈의실
size 싸이즈	칫수
skirt 스커트	치마
T-shirts 티셔것	티셔츠
textile 텍스타일	직물
tie 타이	넥타이
underwear 언더웨어	속옷
fur 퍼	모피
jeans 진즈	청바지
overcoat 오버콧	외투
pantihose 펀티호우스	팬티 스타킹
pants 팬츠	바지

알아 두면 좋은 영단어

⊙ 가격 · 교환 · 환불

price tag	프라이스 택	가격표
cash	캐쉬	현금
credit card	크레딧 카드	신용카드
retail price	리테일 프라이스	소매 가격
wholesale price	호울세일 프라이스	도매 가격
fixed price	픽스트 프라이스	정찰 가격
lowest price	로우이스트 프라이스	최저 가격
bargain sale	바-겐 쎄일	특매, 바겐세일
discounted price	디스카운티드 프라이스	할인 가격
tax-free	택스 프리	면세의
cheap	취이프	가격이 싼
expensive	익스펜시브	가격이 비싼
exchange	익스체인쥐	교환
refund	리펀드	환불
defect	디펙트	결함
receipt	리씨잇	영수증
guarantee	개런티이	보증서

12장

식당에서

PART 1. 식사 제의나 예약
PART 2. 식당 입구에서
PART 3. 식사할 때
PART 4. 패스트푸드 식당에서

Part 1 식사 제의와 예약

01 식사를 제의할 때

1 _ 오늘 저와 저녁식사 같이 하시겠어요?

Would you like to have dinner with me today?

우 쥬 라익 투 해브 디너 위드 미 터데이

▶ 상대방에게 '~하시겠어요?' 하고 정중하게 제의를 할 때에는 Would you like to ~?라는 표현을 쓸 수 있습니다.

2 _ 제가 언제 저녁을 사 드릴까요?

Can I take you out to dinner sometime?

캔 아이 테익 큐 아웃 투 디너 썸타임

▶ sometime은 '언젠가, 훗날에'라는 뜻이고 some time은 '잠시 동안, 꽤 오랫동안', sometimes는 '때때로'라는 뜻을 나타냅니다.

3 _ 어디에서 먹고 싶어요?

Where would you like to eat?

웨어 우 쥬 라익 투 이잇

4 _ 저녁으로 뭐를 먹을까요?

What would you like to have for dinner?

왓 우 쥬 라익 투 해브 포 디너

식당에서 2

02 식당을 예약할 때

1 _ 랍스터 팰리스 식당입니다. 무엇을 도와 드릴까요?

Lobster Palace Restaurant. What can I do for you?

랍스터 팰리스 레스터런트 왓 캔 아이 두 포 유

2 _ 저녁식사를 하려면 예약해야 합니까?

Do I need to make a reservation for dinner?

두 아이 니잇 투 메이 커 레줶베이션 포 디너

3 _ 오늘 밤 좌석을 예약하고 싶습니다.

I'd like to make a reservation for tonight.

아이드 라익 투 메이 커 레줶베이션 포 터나잇

▶ 만약 금요일 7시에 예약을 하려고 한다면 I'd like to make a reservation at 7 on Friday.라고 하면 됩니다.

4 _ 언제 오실 건가요?

What time will you be arriving?

왓 타임 윌 유 비 어라이빙

5 _ 몇 분이십니까?

For how many, sir?

포 하우 매니 써어

259

6 _ 흡연석과 금연석 중 어느 것을 원하십니까?

Would you prefer smoking or nonsmoking section?

우 쥬 프리퍼 스모우킹 오어 난스모우킹 섹션

7 _ 창가쪽 좌석을 주세요.

I'd like to have a seat by the window.

아이드 라익 투 해브 어 씨잇 바이 더 윈도우

8 _ 성함이 어떻게 되십니까?

What's your name, please?

왓 츄어 네임 플리즈

9 _ 어느 분 이름으로 예약을 하겠습니까?

What name should I put this reservation under?

왓 네임 슛 아이 풋 디스 레줘베이션 언더

10 _ 오늘 저녁은 모든 좌석이 예약이 됐습니다.

All tables are booked tonight.

올 테이블즈 아 북드 터나잇

11 _ 8시 이후에는 자리를 마련해 드릴 수 있습니다.

We can give you a table after 8:00.

위 캔 깁 유 어 테이블 애프터 에잇 어클라악

Part 2 식당 입구에서

01 예약했을 때

1 _ 안녕하세요, 오늘 밤 7시에 예약을 했습니다.

Hello, I made a reservation this evening for 7.

헬로우 아 메이 더 레줘베이션 디스 이브닝 포 쎄븐

2 _ 성함을 말씀해 주시겠어요?

May I have your name, please?

메이 아이 허 뷰어 네임 플리즈

▶ 누구 이름으로 예약을 했느냐고를 묻는다면 What name is it under? 라고 하면 됩니다.

3 _ 제 이름은 박민수입니다.

My name's Minsu Park.

마이 네임즈 민수 파악

4 _ 안내해 드릴 테니 잠시 기다려 주세요.

Please wait to be seated.

플리즈 웨잇 투 비 씨잇티드

▶ 맥도널드나 버거킹처럼 셀프 서비스를 하는 패스트푸드점 외에 종업원의 시중을 받는 음식점에서는 반드시 입구에서 안내를 받아야 합니다.

5 _ 죄송하지만 10분 정도 기다리셔야 합니다.

I'm afraid you'll have to wait another ten minutes.

아임 어프레이드 유윌 햅 투 웨잇 어나더 텐 미닛츠

6 _ 명단에 손님의 이름이 없습니다.

We don't have your name on the list.

위 돈 해 뷰어 네임 언 더 리스트

7 _ 명단을 다시 확인해 주시겠습니까?

Would you check the list again?

우 쥬 첵 더 리스트 어게인

02 예약하지 않았을 때

1 _ 3사람이 앉을 자리가 있습니까?

Do you have a table for three?

두 유 해 버 테이블 포 뜨리

2 _ 일행이 몇 분이세요?

How many in your party?

하우 매니 인 유어 파티

▶ 이 표현은 How many are there in your party?를 줄인 표현입니다.

3 _ 6인용 좌석을 주세요. 3명이 더 올 것입니다.

Make that six, please. We're expecting 3 more friends.

메익 댓 씩스 플리즈 위어 익스펙팅 뜨리이 모어 프렌즈

4 _ 저쪽으로 자리를 옮길 수 있습니까?

Could we move over there?

쿳 위 무브 오버 데어

5 _ 지금 당장은 자리가 없을 것 같군요.

I'm afraid there's nothing available right now.

아임 어프레이드 데어즈 낫띵 어베이러블 라잇 나우

6 _ 기다리시는 동안 여기에 앉아 계세요.

Please have a seat here while you wait.

플리즈 해 버 씨잇 히어 와일 유 웨잇

7 _ 대기자 명단에 제 이름을 올릴 수 있습니까?

Can you put my name on the list?

캔 유 풋 마이 네임 언 더 리스트

8 _ 얼마나 오래 기다려야 하죠?

How long do we have to wait?

하우 롱 두 위 햅 투 웨잇

Part 3 식사할 때

01 음식에 대해 물어볼 때

1 _ 오늘의 요리가 무엇입니까?

What's the special today?

왓츠 더 스페셜 터데이

▶ special은 특가 매출, 특별 할인품, (식당 등의) 특별 메뉴를 나타낼 때 쓰이기도 합니다.

2 _ 어떤 음식을 추천해 주시겠습니까?

What do you recommend?

왓 두 유 레커멘드

▶ 주방장이 추천하는 요리를 물어본다면 What's the chef's recommendation?이라고 하면 됩니다.

3 _ 여기는 무슨 음식을 잘하나요?

What's good here?

왓츠 굿 히어

4 _ 특산 요리가 있습니까?

Do you have local dishes?

두 유 해브 로우컬 디쉬스

▶ local : 특정한 지방의, 한 지방 특유의

5 _ 어떤 음식이 빨리 나올 수 있죠?

What can be served quickly?

왓 캔 비 써브드 퀴클리

6 _ 이 음식은 어떻게 조리되나요?

How is this cooked?

하우 이즈 디스 쿡트

02 주문할 때

1 _ 주문하시겠습니까?

May I take your order?

메이 아이 테이크 큐어 오더

▶ 비슷한 의미의 표현은 Are you ready to order now?, Would you like to order now? 등의 표현이 있습니다.

2 _ 뭘 드시겠습니까?

What would you like to have?

왓 우 쥬 라이크 투 해브

3 _ 스테이크로 하겠습니다.

I'll have a steak.

아윌 해 버 스테이크

▶ '~을 먹겠다' 라는 표현은 I'll have ~.라고 하면 됩니다.

4 _ 잠시만 시간을 주시겠습니까?

Could we have a few more minutes?

쿳 위 해 버 퓨 모어 미닛츠

5 _ 스테이크는 어떻게 해 드릴까요?

How do you like your steak?

하우 두 유 라이 큐어 스테익

6 _ 잘 익혀 주세요.

Well done, please.

웰 더언 플리즈

▶ 중간 정도 익히면 medium, 설 익히면 rare라고 말하면 됩니다.

7 _ 샐러드를 드시겠습니까?

Would you like salad?

우 쥬 라익 쌜러드

8 _ 어떤 드레싱을 드시겠습니까?

What kind of dressing would you like?

왓 카인 더브 드레씽 우 쥬 라익

9 _ 그 밖에 다른 필요한 것은 없으신가요?

Do you need anything else?

두 유 니잇 애니띵 엘스

03 마실 것과 디저트 주문

1 _ 마실 것을 드릴까요?

Would you like something to drink?
우 쥬 라익 썸띵 투 드링크

2 _ 식사와 함께 커피를 주세요.

I'd like coffee with my meal, please.
아이드 라익 커피 윗 마이 미일 플리즈

▶ 식사 전에 음료수를 마시고 싶다면 I want to have a drink before my meal.이라고 말하면 됩니다.

3 _ 커피 한 잔 주세요.

Get me a cup of coffee, please.
겟 미 어 컵 어브 커피 플리즈

4 _ 맥주 두 잔 가져다 주시겠습니까?

Will you get us two beers?
윌 유 겟 어스 투 비어즈

5 _ 디저트로 뭘 드릴까요?

What would you like for dessert?
왓 우 쥬 라익 포 디저트

▶ dessert는 불어의 디즈빌(desservir : 치우다, 정돈하다)에서 유래된 말로 식사를 끝마칠 때 먹는 단 음식을 말합니다.

6 _ 디저트로 아이스크림을 먹을게요.
I'll have some ice cream for dessert.
아월 햅 썸 아이스크림 포 디저트

▶ 디저트는 보통 조각 케익과 아이스크림이 있는데 너무 달고 맛있어서 디저트만 즐기는 사람들도 있습니다.

7 _ 저는 디저트를 생략할게요.
I'll skip the dessert.
아월 스키입 더 디저트

04 식당에서 문제가 발생했을 때

1 _ 이것은 제가 주문한 음식이 아닙니다.
This is not what I ordered.
디스 이즈 낫 왓 아이 오더드

2 _ 주문한 게 아직 안 나왔어요.
I didn't get my order yet.
아이 디든 겟 마이 오더 옛

3 _ 대단히 죄송합니다. 주문하신 음식을 바로 가져다드리겠습니다.
I'm so sorry. I'll get your order out here right away.
아임 쏘 쏘리 아월 겟 유어 오더 아웃 히어 라잇 어웨이

4 _ 중간으로 익힌 것을 원했는데, 덜 익힌 것이 나왔습니다.

I wanted my steak medium, but I got it rare.

아이 원티드 마이 스테익 미디엄 벗 아이 갓 잇 레어

> ▶ 육류 요리를 주문할 때에 아무 얘기가 없으면 생고기 상태(rare)로 나오므로 식성에 따라 조리 방법을 얘기하는 것이 좋습니다.

5 _ 좀 더 구워 주시겠어요?

Could I have it broiled a little more?

쿠 아이 해 빗 브로일드 어 리를 모어

6 _ 제 음식에 이상한 것이 있습니다.

There is something strange in my food.

데어 이즈 썸띵 스트레인쥐 인 마이 푸웃

> ▶ 만약 수프에 벌레가 들어 있다면 There's a bug in my soup.라고 말하면 됩니다.

7 _ 이 음식이 상한 것 같아요.

I'm afraid this food is stale.

아임 어프레이드 디스 풋 이즈 스테일

> ▶ 음식 등이 신선하지 못할 때에는 stale이란 표현을 쓰고 반대로 신선하다면 fresh라는 표현을 씁니다.

8 _ 냄새가 신선하지 않은 것 같습니다.

This doesn't smell fresh.

디스 더즌 스멜 플레쉬

05 필요한 것을 말할 때

1 _ 물을 좀 더 주시겠어요?

May I have more water?
메이 아이 햅 모어 워러

2 _ 테이블을 닦아 주시겠습니까?

Could you wipe the table?
쿠 쥬 와입 더 테이블

▶ wipe : 훔치다, 닦다, 닦아 내다

3 _ 이 접시들을 좀 치워 주시겠어요?

Would you take the dishes away?
우 쥬 테익 더 디쉬스 어웨이

▶ take away : 가져가다, 식탁을 치우다

4 _ 포크를 떨어뜨렸어요. 다른 것을 가져다주시겠어요?

I dropped my fork. Could you bring me another one?
아이 드랍트 마이 포오크 쿠 쥬 브링 미 어나더 원

5 _ 빵을 좀 더 주시겠습니까?

May I have some more bread?
메이 아이 햅 썸 모어 브레드

6 _ 콜라를 리필해 주시겠습니까?

Could I have a refill on my coke?

쿳 아이 해 버 리필 언 마이 코욱

7 _ 음식이 차가운데 데워 주시겠습니까?

This food is cold. Could you warm it up?

디스 풋 이즈 콜드 쿠 쥬 워엄 잇 업

8 _ 남은 음식을 싸 주시겠습니까?

Do you have a doggy bag?

두 유 해 버 더기 백

▶ 식사를 하고 남은 음식을 싸 달라고 부탁할 때에는 doggy bag을 달라고 하면 됩니다.

06 식사 중 대화

1 _ 이 식당 참 분위기가 좋습니다.

The atmosphere is very nice in this restaurant.

디 앳머스피어 이즈 베리 나이스 인 디스 레스터런트

2 _ 여기에는 자주 오시나요?

Do you come here often?

두 유 컴 히어 오-펀

3 _ 이 식당은 항상 사람들로 붐빕니다.

This restaurant is always crowded.

디스 레스터런트 이즈 올웨이즈 크라우디드

▶ crowded는 '붐비는, 만원의'의 뜻이고 콩나물시루같이 심한 혼잡함을 나타낼 때에는 jammed라는 표현을 쓸 수 있습니다.

4 _ 당신 음식은 어때요?

How is your food?

하우 이즈 유어 푸-드

5 _ 아주 맛있어요.

It's delicious.

잇츠 딜리셔스

▶ 음식이 맛이 있을 때에는 delicious, 형편 없을 때에는 terrible 이나 awful이라는 표현을 쓸 수 있습니다.

6 _ 내 입맛에는 맞지 않아요.

I don't like the taste of it.

아이 돈 라익 더 테이스트 오브 잇

7 _ 너무 매워요.

It's too hot.

잇츠 투 하앗

▶ 맛을 표현할 때 '맵다'는 hot, '시다'는 sour, '달다'는 sweet, '짜다'는 salty, '순하다'는 mild로 표현하면 됩니다.

07 계산할 때

1 _ 계산서를 가져다주시겠어요?

Could I have the check, please?
큳 아이 햅 더 첵 플리즈

2 _ 전부 얼마입니까?

How much is it altogether?
하우 머치 이즈 잇 올터게더

3 _ 이 신용카드로 계산해도 됩니까?

Can I pay with this credit card?
캔 아이 페이 윗 디스 크레딧 카드

4 _ 제가 낼게요.

I'll treat you.
아일 트릿 유

▶ 비슷한 표현은 It's on me., I'd like to pay for it., I'll pick up the tab. 등이 있습니다.

5 _ 각자 냅시다.

Let's share the bill.
렛츠 쉐어 더 비일

▶ 각자 계산할 때 자기가 내야 할 몫을 물을 때에는 How much is my share?라고 표현하면 됩니다.

Part 4 패스트푸드 식당에서

01 주문할 때

1 _ 주문하시겠어요?

May I take your order?

메이 아이 테이 큐어 오더

2 _ 햄버거와 프렌치 프라이 큰 것 주세요.

A hamburger and a large order of french fries, please.

어 햄벅 앤 어 라쥐 오더 어브 프렌치 프라이즈 플리즈

▶ 이 표현은 I'd like ~.(~ 주세요.)가 생략된 표현입니다.

3 _ 양파는 빼 주세요.

Hold the onions, please.

호울 디 어니언즈 플리-즈

▶ hold는 '(식당의 주문에서) ~을 빼다'라는 뜻이 있습니다. 만약 피클을 빼 달라고 한다면 Hold the pickle.이라고 하면 됩니다.

4 _ 마실 것을 드릴까요?

Would you like anything to drink?

우 쥬 라익 애니띵 투 드링크

▶ 음료수를 주문할 때에는 사이즈를 말해야 하는데 음료수 사이즈는 small, medium, large가 있습니다.

식당에서 12

5 _ 콜라 중간으로 주세요.

A medium coke, please.

어 미-디엄 코욱 플리즈

▶ coke란 코카콜라(Coca-Cola)를 뜻하는 말로 미국에서는 음료수나 술을 주문할 때 상표명을 말하는 것이 편합니다.

6 _ 드시고 가실 건가요, 가져가실 건가요?

For here or to go?

포 히어 오어 투 고우

▶ For here or to go?는 패스트푸드 식당에서 자주 쓰이는 표현으로 식당에서 먹고 갈 건지 집으로 가져갈 건지 묻는 표현입니다.

7 _ 가져갈 겁니다.

To go, please.

투 고우 플리즈

▶ 식당 안에서 먹겠다면 For here, please., 또는 I'll eat here.라고 말하면 됩니다.

8 _ 더 필요하신 것은 없습니까?

Would you like anything else?

우 쥬 라익 애니띵 엘스

9 _ 냅킨 좀 주시겠어요?

Could I have some napkins?

쿳 아이 햅 썸 냅킨즈

알아 두면 좋은 영단어

◉ 음식 관련 단어

beef 비프	쇠고기
chicken 치킨	닭고기
duck 덕	오리고기
mutton 머튼	양고기
pork 포크	돼지고기
sirloin 써로인	등심
turkey 터키	칠면조 고기
fish 피쉬	생선
trout 트라웃	송어
tuna 튜너	참치
mackerel 매크럴	고등어
salmon 쌔먼	연어
halibut 핼러버트	넙치
abalone 애벌로우니	전복
clam 클램	대합조개
crab 크랩	게
lobster 랍스터	바닷가재

알아 두면 좋은 영단어

⊙ 야채와 과일

potato 포터이토우	감자
pumpkin 펌킨	호박
onion 어니언	양파
carrot 캐럿	당근
radish 래디쉬	무우
cucumber 큐컴버	오이
mushroom 머쉬룸	버섯
cabbage 캬비쥐	양배추
green pepper 그린 페퍼	피망
red pepper 레드 페퍼	고추
apple 애플	사과
pear 페어	배
peach 피이취	복숭아
strawberries 스트로우베리즈	딸기
grapes 그레잎스	포도
tangerine 캔쥐리인	귤
watermelon 워터멜런	수박

알아 두면 좋은 영단어

⊙ 요리 방법

rare 레어	살짝 익힌
medium 미디엄	중간 정도 익힌
well-done 웰-던	완전히 익힌
raw 로오	날것의
baked 베익트	구운
grilled 그릴드	석쇠로 구운
barbecued 바비큐드	불에 구운
boiled 보일드	끓인
steamed 스팀드	찐
smoked 스모우크트	훈제한
fried 프라이드	튀긴
breaded 브레디드	빵가루를 바른
chopped 찹드	잘게 썬
frozen 프로즌	얼린
chilled 치일드	차게 한
minced 민스드	다진
sliced 슬라이스트	얇게 썬

일상의 장소

PART 1. 은행
PART 2. 우체국
PART 3. 세탁소
PART 4. 이발소와 미용실
PART 5. 부동산
PART 6. 극장
PART 7. 약국
PART 8. 병원

Part 1 은행

01 계좌를 개설할 때

1 _ 계좌를 개설하고 싶습니다.

I'd like to open an account.
아이드 라익 투- 오픈 언 어카운트

▶ 계좌를 개설할 때에는 open an account, 계좌를 해지할 때에는 close an account라고 말하면 됩니다.

2 _ 어떤 계좌를 원하십니까?

What kind of account do you want?
왓 카인드 오브 어카운트 두 유 원트

▶ 보통예금은 savings account라고 하고 당좌예금은 checking account라고 합니다.

3 _ 신분증 좀 보여주시겠습니까?

Can I see some picture ID?
캔 아이 씨- 썸 픽춰 아이디

▶ ID : 신원을 보증하는 것(운전면허증이나 신분증)

4 _ 이 양식을 작성해 주시겠습니까?

Can you fill out this form?
캔 유 필 아웃 디스 포옴

▶ fill out : (문서 등의) 여백을 메우다

02 입금 · 출금 · 송금

1 _ 입금을 하고 싶습니다.

I want to make a deposit.

아이 원 투 메이 커 디파짓

▶ make a deposit : 예금하다

2 _ 제 계좌에 돈을 좀 넣고 싶습니다.

I'd like to put some money in my account.

아이드 라익 투 풋 썸 머니 인 마이 어카운트

3 _ 수표 뒤에 이서해 주세요.

Please endorse the check on the back.

플리-즈 인도어스 더 첵 온 더 배액

▶ endorse (어음, 증권 등에) 배서하다

4 _ 예금을 인출하고 싶습니다.

I'd like to make a withdrawal.

아이드 라익 투 메이 커 위드드로-얼

▶ make a withdrawal : 인출하다

5 _ 얼마나 필요하십니까?

How much money do you need?

하우 머취 머니 두 유 니잇

6 _ 돈을 어떻게 드릴까요?

How would you like the money?

하우 우 쥬 라이크 더 머니

7 _ 이 계좌로 돈을 송금하고 싶습니다.

I'd like to transfer money to this account.

아이드 라익 투 트랜스퍼 머니 투 디스 어카운트

▶ 송금 수수료가 얼마인지 묻는다면 How much do you charge for this service?라고 말하면 됩니다.

03 환전할 때

1 _ 이 지폐를 잔돈으로 바꿔 주시겠습니까?

Could you change this bill to small change?

쿠 쥬 췌인쥐 디스 비일 투 스모올 췌인쥐

▶ change A to B : A를 B로 바꾸다   small change : 잔돈

2 _ 한국 돈을 달러로 바꾸고 싶습니다.

I'd like to change Korean money into dollars.

아이드 라익 투 췌인쥐 커리-언 머니 인투 달러즈

3 _ 이 수표를 현금으로 바꾸어 주시겠어요?

Can I cash this check, please?

캔 아이 캐쉬 디스 첵 플리-즈

Part 2 우체국

01 편지를 부칠 때

1 _ 이 편지를 한국으로 보내고 싶습니다.

I'd like to mail this letter to Korea.

아이드 라익 투 메일 디스 레러 투 커리-어

2 _ 이 편지를 보통 우편으로 보내고 싶습니다.

I'd like to send this letter by regular mail.

아이드 라익 투 쎈 디스 레러 바이 레귤러 메일

▶ 보통 우편은 regular mail, 빠른 우편은 express mail, 등기 우편은 registered mail이라고 표현합니다.

3 _ 항공 우편으로 보내시겠습니까?

Would you like to send it by airmail?

우 쥬 라익 트 쎈드 잇 바이 에어메일

▶ airmail : 항공 우편

4 _ 우표를 몇 장 붙여야 되죠?

How many stamps do I need?

하우 매니 스템스 두 아이 니잇

▶ 우표 사는 곳을 묻는다면 Where can I buy stamps?라고 말하면 됩니다.

283

5 _ 한국으로 편지 보내는 데 얼마죠?

How much is it to mail a letter to Korea?

하우 머취 이즈 잇 투 메일 어 레러 투 커리-어

6 _ 거기까지 가는 데 얼마나 걸려요?

How long does it take to get there?

하우 로옹 더즈 잇 테익 투 겟 데어

▶ '~하는 데 얼마나 걸리나요?' 라는 말은 How long does it take to ~?라는 표현을 쓰면 됩니다.

02 소포를 보낼 때

1 _ 여기서 소포를 보낼 수 있습니까?

Can I mail a package here?

캔 아이 메일 어 패키쥐 히어

▶ mail[send] a package : 소포를 부치다

2 _ 항공 우편인가요, 선박 우편인가요?

Will that be by air or by surface?

윌 댓 비 바이 에어 오어 바이 써-피스

3 _ 그 안에 뭐가 들어 있나요?

What's in it?

왓츠 인 잇

4 _ 조심해서 다뤄 주세요. 깨지기 쉬운 물건이 들어있거든요.

Please be careful with this. This package is very fragile.

플리-즈 비 케어펄 위드 디스 디스 패키쥐 이즈 베리 프래지얼

▶ fragile : 부서지기 쉬운, 깨지기 쉬운

5 _ 이 소포를 보험에 들어 두고 싶습니다.

I'd like to insure this package.

아이드 라익 트 인슈어 디스 패키쥐

6 _ 소포가 언제 도착하나요?

When will this package arrive?

웬 윌 디스 파키쥐 어라이브

03 우편환을 보낼 때

1 _ 우편환으로 70달러를 송금하고 싶습니다.

I'd like to send $ 70 by money order.

아이드 라익 투 쎈드 쎄번티 달러스 바이 머니 오-더

▶ money order : 우편환

2 _ 송금 수수료가 얼마인가요?

What's the remittance charge?

왓츠 더 리미튼스 챠아쥐

Part 3 세탁소

01 세탁물을 맡길 때

1 _ 이 셔츠와 바지를 드라이클리닝하고 싶습니다.

I need these shirts and pants dry-cleaned.

아이 니잇 디-즈 셔-츠 앤 팬츠 드라이 클린드

▶ 'need ~ 과거분사'는 '~이 ~될 필요가 있다'라는 표현입니다.

2 _ 이 셔츠에 있는 얼룩을 제거해 주세요.

I need you to take out the stain on this shirt.

아이 니잇 유 투 테익 아웃 더 스테인 온 디스 셔-트

▶ take out : (얼룩 등을) 빼다 stain : 얼룩, 때

3 _ 이 양복을 다림질해 주세요.

I'd like to have this suit pressed, please.

아이드 라익 투 햅 디스 수웃 프레스드 플리-즈

▶ Can you iron my suit, please?라고 해도 비슷한 표현입니다.

4 _ 언제 찾아갈 수 있나요?

When can I pick it up?

웬 캔 아이 픽 잇 어업

▶ 만약 다음날 찾아가고 싶다면 I'd like to pick it up tomorrow.라고 표현하면 됩니다.

02 옷 수선을 맡길 때

1 _ 단추가 떨어졌는데 좀 달아 주세요.

Some buttons are missing. Have them fixed, please.

썸 버튼즈 아 미씽 햅 뎀 픽스트 플리-즈

▶ fix : 수리하다, 수선하다

2 _ 이 바지를 줄이고 싶습니다.

I'd like to have these pants shortened.

아이드 라익 투 해브 디즈 팬츠 숏튼드

3 _ 어느 정도 줄여 드릴까요?

How much would you like it shortened?

하우 머취 우 쥬 라이 킷 숏튼드

4 _ 지퍼가 떨어졌는데 갈아 주시겠어요?

This zipper fell off. Can you replace it?

디스 지퍼 펄 오프 캔 유 리플레이스 잇

5 _ 바지가 찢어졌는데 수선 좀 해 주실래요?

These pants are ripped. Could you mend them?

디-즈 팬츠 다 립트 쿠 쥬 멘드 뎀

03 옷을 찾을 때

1 _ 세탁물 찾으러 왔습니다.

I'd like to pick up my laundry.

아이드 라익 투 픽 업 마이 론드리

▶ 세탁물이 다 됐냐고 묻는 표현은 Is my laundry ready?라고 하면 됩니다.

2 _ 여기 있습니다, 손님.

Here it is, sir.

히어 잇 이즈 써어

3 _ 여기 셔츠에 있는 얼룩이 잘 빠지지 않았는데요.

This stain on this shirt didn't come out.

디스 스테인 온 디스 셔-트 디든 컴 아웃

4 _ 죄송하지만 아직 안 됐습니다.

I'm sorry, but your laundry isn't ready.

아임 쏘리 벗 유어 론드리 이즌 레디

5 _ 내일 다시 오시겠어요?

Can you come back tomorrow?

캔 유 컴 백 터마로우

▶ '내일까지 될 것이다' 라는 표현은 It'll be ready by tomorrow. 라고 말할 수 있습니다.

Part 4 이발소와 미용실

01 이발소에서

1 _ 머리를 자르고 싶어요.

I'd like a haircut, please.
아이드 라으 커 헤어컷 플리-즈

▶ 이발과 면도를 부탁한다면 I'd like a haircut and shave, please.라고 하면 됩니다.

2 _ 이쪽으로 앉으세요. 어떻게 해 드릴까요?

Have a seat, please. How would you like your hair?
해브 어 씨잇 플리-즈 하우 우 쥬 라이 큐어 헤더

3 _ 다듬기만 해 주세요.

Just a trim, please.
저스 터 츄륌 플리-즈

▶ trim : 다듬다, 정돈하다

4 _ 아주 짧게 쳐주세요.

I'd like my hair really short.
아이드 라익 마이 헤어 리얼리 쇼옷

▶ Don't make it too short, please.라고 하면 너무 짧게 깎지 말라는 표현입니다.

5 _ 구레나룻은 어떻게 할까요?

What about your sideburns?

왓 어바웃 유어 **싸**이드버언즈

6 _ 구레나룻은 다 잘라 주세요.

Don't leave any sideburns.

돈 리-브 애니 **싸**이드버언즈

▶ 구레나룻을 놔두고 싶다면 Leave sideburns, please.라고 하면 됩니다.

02 미용실에서

1 _ 파마를 하고 싶은데요.

I want a perm.

아이 **원**트 어 **퍼**엄

▶ perm : 파마(permanent wave)

2 _ 파마를 얼마나 강하게 해 드릴까요?

How strong would you like your permanent?

하우 스트**로**옹 우 쥬 라이 큐어 **퍼**머넌트

3 _ 세게 말아 주세요.

I want a tight perm.

아이 **원**트 어 타잇 **퍼**엄

4 _ 웨이브를 좀 넣어 주세요.

Make my hair wavy, please.

메이크 마이 헤어 웨이비 플리-즈

▶ 물결처럼 부드럽게 굴곡이 있는 머리 형태를 wavy라고 하고 곱슬곱슬한 머리 형태는 curly라는 표현을 씁니다.

5 _ 머리 염색 좀 해 주실래요?

Can you dye my hair?

캔 유 다이 마이 헤어

▶ 노랗게 염색하고 싶으면 I want my hair dyed yellow.라고 하면 됩니다.

6 _ 어깨 길이만큼 잘라 주세요.

I like my hair cut shoulder-length.

아이 라익 마이 헤어 컷 쇼울더 랭쓰

7 _ 지금 상태에서 다듬어만 주세요.

Please set my hair in the same style.

플리-즈 셋 마이 헤어 인 더 쎄임 스타일

8 _ 샴푸한 후 드라이를 해 주시겠습니까?

Could you please shampoo and dry my hair?

쿠 쥬 플리-즈 샴푸 앤 드라이 마이 헤어

Part 5 부동산

01 집을 알아 볼 때

1 _ 시내에 있는 방 2개짜리 아파트를 찾고 있습니다.

I'm looking for a two-bedroom apartment downtown.

아임 룩킹 포 어 투 베드룸 어파트먼트 다운타운

▶ downtown은 도심지, 상가 지역을 말하고 주택지구는 uptown 이란 표현을 쓰면 됩니다.

2 _ 아파트를 설명해 주시겠어요?

Can you describe the apartment?

캔 유 디스크라이브 디 어파트먼트

3 _ 방 2개와 욕실이 하나 있습니다.

There are two rooms and a bath.

데어 아 투 루움즈 앤 어 배쓰

4 _ 큰 거실과 괜찮은 부엌이 있습니다.

It has a large living room, and a nice kitchen.

잇 해즈 어 라아쥐 리빙 루움 앤 어 나이스 키친

▶ 주차가 가능하다라는 말은 There's parking available.이라고 말하면 됩니다.

5 _ 몇 층인가요?

What floor is it on?

왓 플로어 이즈 잇 어언

▶ floor : (건물의) 층

6 _ 대중 교통은 얼마나 가까이 있습니까?

How close is it to public transportation?

하우 클로우스 이즈 잇 투 퍼블릭 트랜스퍼테이션

▶ public transportation : 대중 교통

7 _ 가까운 곳에 지하철과 버스 정류장이 있습니다.

The subway station and bus stops are nearby.

더 썹웨이 스테이션 앤 버스 스탑스 아 니어바이

▶ 만약 7번 버스가 한 블럭 떨어진 곳에 정차한다고 말한다면 The Number 7 bus stops a block away.라고 하면 됩니다.

8 _ 임대하는 데 얼마인가요?

How much is the rent?

하우 머취 이즈 더 렌트

9 _ 공과금을 포함해서 한 달에 700달러입니다.

It's $700 a month including utilities.

잇츠 쎄번 헌드러즈 달러즈 어 먼쓰 인클루-딩 유틸러티스

▶ utilities : 공과금

02 집을 계약할 때

1 _ 집은 아주 마음에 들지만, 우리 예산보다 비싸군요.

I like the place very much, but it's above our price range.

아이 라익 더 플레이스 베리 머취 벗 잇츠 어보브 아워 프라이스 레인쥐

2 _ 임대 여부는 내일 알려 드리겠습니다.

I'll let you know tomorrow whether I'll rent it or not.

아윌 렛 유 노우 터마로우 웨더 아윌 렌트 잇 오어 나앗

3 _ 이 아파트를 임대하겠습니다.

I'd like to rent this apartment.

아이드 라익 투 렌트 디스 어파트먼트

4 _ 계약서에 서명해 주시겠어요?

Could you please sign the contract?

쿠 쥬 플리-즈 싸인 더 칸트랙트

5 _ 임대 기간이 언제 만료되죠?

When does your lease expire?

웬 더즈 유어 리-스 익스파이어

▶ lease : 차용 기간   expire : (계약 등이) 만기가 되다, 끝나다

Part 6 극장

01 영화를 보러 갈 때

1 _ 우리 오늘밤 영화 보러 가는 게 어때요?

Why don't we go to the movies tonight?
와이 돈 위 고우 투 더 무-비스 터나잇

▶ 영화를 영국에서는 film이나 picture라고 합니다.

2 _ 지금 무슨 영화가 상영되고 있나요?

What's playing now?
왓츠 플레잉 나우

▶ What film is on now?라고 해도 비슷한 표현인데 여기서 on은 '(영화 등이) 상영되고 있는'의 뜻입니다.

3 _ 누가 출연합니까?

Who are the actors?
후 아 디 액터즈

▶ 영화의 감독을 묻는다면 Who directed the movie?라고 할 수 있습니다.

4 _ 톰 크루즈가 그 영화의 주인공으로 나온다고 들었어요.

I heard Tom Cruise is starring in it.
아이 허드 탐 크루즈 이즈 스타-링 인 잇

▶ star : 주연을 하다

02 영화에 대해 말할 때

1 _ 그 영화 어땠어요?
What did you think about the movie?
왓 디 쥬 띵크 어바웃 더 무-비

▶ 영화를 보고 나서 소감을 묻는 말은 짧게 How was it?, Was it good?이라고 말할 수도 있습니다.

2 _ 아주 좋았어요.
I thought it was great.
아이 쏘오트 잇 워즈 그레이트

3 _ 스토리가 아주 흥미있었어요.
The story was exciting.
더 스토-리 워즈 익싸이링

▶ 영화가 형편없었다면 terrible, 지루했다면 boring, 유치했다면 childish라는 표현을 쓰면 됩니다.

4 _ 지루해서 죽을 뻔했어요.
It bored me to death.
잇 보어드 미 투 데쓰

5 _ 돈이 아까워요!
What a waste of money!
왓 어 웨이스트 오브 머니

Part 7 약국

01 일반약을 살 때

1 _ 두통약이 있습니까?

Do you have anything for a headache?
두 유 햅 애니씽 포 러 헤데익

> ▶ pharmacy나 drugstore는 둘 다 약국이란 뜻이지만 pharmacy는 전문적으로 약을 조제해 주는 곳이고, drugstore에서는 약품류 이외에도 일용 잡화, 화장품, 담배 등 생활 용품을 판매합니다.

2 _ 소화제를 주세요.

I'd like something for indigestion.
아이드 라익 썸띵 포 인디제스쳔

> ▶ indigestion : 소화불량

3 _ 어떤 것을 추천해 주시겠어요?

What do you recommend?
왓 두 유 레커멘드

> ▶ recommend : 추천하다

4 _ 이 약을 드셔 보세요.

Try this medicine.
트라이 디스 메더신

02 처방전이 필요한 약을 살 때

1 _ 이 처방전대로 약을 지어 주시겠어요?

Could you fill this prescription, please?

쿠 쥬 필 디스 프레스크립션 플리즈

▶ 의사가 환자에게 써 주는 처방전을 prescription이라고 하고 fill 은 '처방약을 조제하다' 라는 뜻입니다.

2 _ 약 여기 있습니다.

Here's your medicine.

히어즈 유어 메더신

3 _ 어떻게 먹어야 합니까?

How should I take this?

하우 슛 아이 테익 디스

4 _ 하루에 몇 번 먹어야 합니까?

How many times a day should I take it?

하우 매니 타임즈 어 데이 슛 아이 테이 킷

5 _ 하루 세 번 식후에 드세요.

Take this after each meal three times a day.

테익 디스 앱터 이취 미일 뜨리 타임즈 어 데이

▶ 6시간마다 복용하라고 한다면 Take this medicine every six hours.라고 하면 됩니다.

6 _ 이 약을 드시면 졸릴지도 몰라요.

This might make you drowsy.

디스 마잇 메이 큐 드라우지

7 _ 혹시 부작용이 있나요?

Are there any side effects?

가 데어 애니 싸이드 이펙츠

▶ 약물 등의 부작용을 side effect라고 표현합니다.

8 _ 이 약을 술과 함께 먹어도 괜찮은가요?

Can I take this with alcohol?

캔 아이 테으 디스 윗 앨커호올

9 _ 약을 복용하는 동안에 어떤 종류의 술도 드시지 마세요.

Don't drink any alcohol while you're on medication.

돈 드링크 에니 앨커호올 와일 유어 온 메디케이션

10 _ 이 약을 먹으면 괜찮아질 겁니다.

This medicine will relieve your pain.

디스 메더슨 윌 릴리브 유어 페인

11 _ 처방전 없이는 약을 드릴 수 없습니다.

We can't give you that without a prescription.

위 캔트 기 큐 댓 위다웃 어 프레스크립션

Part 8 병원

01 예약할 때

1 _ 진료 예약을 하고 싶습니다.

I'd like to make an appointment.

아이드 라익 투 메이 컨 어**포**인먼트

▶ 만약 의사를 지정해서 말한다면 I'd like to make an appointment to see Dr. ~.라고 표현할 수 있습니다.

2 _ 어느 의사 선생님께 진찰 받기를 원하십니까?

Which doctor would you like to see?

위치 닥터 우 쥬 라익 투 **씨**이

▶ 의사 추천을 부탁할 때에는 Could you recommend a good doctor?라고 하면 됩니다.

3 _ 잠시 기다려 주세요. 그 선생님의 시간을 확인해 보겠습니다.

One moment, please. Let me check his schedule.

원 **모**우먼트 플리-즈 **렛** 미 첵 히즈 스케쥬얼

▶ schedule : 예정(표), 계획, 시간표

4 _ 금요일 10시는 어떻습니까?

How about ten o'clock on Friday?

하우 어바웃 **텐** 어클락 온 프라이데이

02 접수 창구에서

1 _ 접수처가 어디 있습니까?

Where is the reception desk?
웨어 이즈 더 리셉션 데스크

▶ reception desk : (호텔, 병원 등의) 접수처

2 _ 조단 선생님과 10시에 진료 약속이 되어 있습니다.

I have a 10 o'clock appointment with Dr. Jordan.
아이 해브 어 텐 어클락 어포인먼트 위드 닥터 조-든

3 _ 의료 보험이 있으신가요?

Do you have health insurance?
두 유 해브 헬쓰 인슈어런스

4 _ 잠깐 앉아 계세요.

Please have a seat.
플리-즈 해브 어 씨잇

▶ 이름을 부를 때까지 앉아 있으라고 한다면 Please have a seat and wait until I call your name.이라고 하면 됩니다.

5 _ 곧 의사 선생님과 만나실 겁니다.

The doctor will be with you in a minute.
더 닥터 윌 비 위드 유 인 어 미닛

03 증상을 말할 때

1 _ 증상이 어떠십니까?

What are your symptoms?

왓 아 유어 심텀즈

▶ 비슷한 표현은 What seems to be the problem?, What's bothering you?, Where do you hurt? 등이 있습니다.

2 _ 목이 따끔거리고, 머리도 아파요.

I have a sore throat, and my head hurts.

아이 해브 어 쏘어 뜨로우트 앤 마이 헤드 헛츠

3 _ 두통이 있습니다.

I've got a headache.

아이브 갓 어 헤데이크

▶ '~가 아프다'라고 말할 때에는 I have ~.나 I've got ~.라는 표현을 쓸 수 있습니다.

4 _ 독감에 걸린 것 같습니다.

I'm afraid I have a bad cold.

아임 어프레이드 아이 해 버 배앳 코울드

5 _ 이 부분이 몹시 아픕니다.

This part hurts the most.

디스 파앗 헛츠 더 모우스트

6 _ 온몸이 뻐근하고 쑤셔요.

I'm stiff and sore all over.
아임 스팁 앤 쓰어 올 오우버

▶ stiff : 뻣뻣한, 경직된 all over : 온몸이

7 _ 오한이 납니다.

I'm having chills.
아임 해빙 취얼즈

▶ chill : 한기 오한, 으스스함

8 _ 쉽게 피로해집니다.

I get easily tired.
아이 겟 이-즐리 타이어드

04 진찰할 때

1 _ 아픈 지 얼마나 되셨습니까?

How long have you had this pain?
하우 로옹 하 뷰 해드 디스 페인

2 _ 수술을 하신 적이 있으신가요?

Have you ever had surgery?
해 뷰 에버 해드 써저리

▶ surgery : (외과) 수술

3 _ 어떤 것에 알레르기 반응이 있나요?

Do you have any allergic reactions to anything?

두 유 해브 애니 엘러-직 리액션즈 투 애니띵

4 _ 드시고 있는 약이 있습니까?

Are you taking any medicine?

아 유 테이킹 애니 메더신

5 _ 이러한 증상이 전에도 있었습니까?

Have you ever had these symptoms before?

해 뷰 에버 해드 디-즈 심텀즈 비포

05 검사할 때

1 _ 체온을 재 보고 왜 그런지 알아 봅시다.

Let's take your temperature and find out.

렛츠 테이 큐어 템퍼러춰 앤 파인드 아웃

▶ take one's temperature : ~의 체온을 재다

2 _ 누우세요.

Lie down, please.

라이 다운 플리-즈

3 _ 셔츠를 올려 주세요.

Pull up your shirt, please.

풀 업 유어 셔트 플리-즈

4 _ 만지면 아픈가요?

Does it hurt when I touch it?

더즈 잇 헛트 웬 아이 터취 잇

5 _ 혈압 좀 저 봅시다.

Let's check your blood pressure.

렛츠 첵 유어 블러드 프레셔어

▶ 혈압은 blood pressure라고 하고 고혈압은 high blood pressure 저혈압은 low blood pressure라고 합니다.

6 _ 상의를 벗으시고 주먹을 꽉 쥐세요.

Please take your jacket off and make a tight fist.

플리-즈 테이 큐어 재킷 오프 앤 메이 커 타잇 프스트

▶ make a fist : 주먹을 쥐다

7 _ 엑스레이를 찍어 보겠습니다.

We need to take your X-ray.

위 니잇 투 테이 큐어 엑스레이

▶ 숨을 깊게 들이마시라고 한다면 Take a deep breath., 내쉬라고 한다면 Breathe out.으로 표현할 수 있습니다.

06 결과를 말해 줄 때

1 _ 제가 무슨 병이죠?

What's wrong with me?
왓츠 로옹 위드 미이

2 _ 독감에 걸리신 것 같습니다. 심각하진 않습니다.

It looks like you've got the flu. Nothing serious.
잇 룩스 라익 유브 갓 더 플루우 낫띵 씨리어스

3 _ 며칠 동안 침대에 누워서 휴식을 취하세요.

You should stay in bed for a few days and get some rest.
유 슈드 스테이 인 베드 포 러 퓨 데이즈 앤 겟 썸 레스트

4 _ 가능한 한 많은 물을 지속적으로 마시세요..

Keep drinking as much water as you can.
킵 드링킹 애즈 머취 워러 애즈 유 캐앤

5 _ 정밀 검사를 받으셔야겠습니다.

You should get a thorough medical checkup.
유 슈드 겟 어 쎠로우 메디컬 첵컵

▶ thorough : 철저한 checkup : 건강 진단, 정밀 검사

알아 두면 좋은 영단어

◉ 아픔 관련 단어

headache 헤데이크	두통
fever 피-버	열
stomachache 스토머케이크	복통
diarrhea 다이어리-어	설사
toothache 투-쓰에이크	치통
back pain 백 페인	허리 아픔
cold 콜드	감기
constipation 칸스터페이션	변비
blood pressure 블러드 프레셔	혈압
cancer 캔서	암
mental illness 멘틀 일니스	정신병
heart attack 하-트 어택	심장마비
allergy 앨러지	알레르기
cough 코-프	기침
sneeze 스니-즈	재채기
injury 인저리	상처
pain 페인	아픔

알아 두면 좋은 영단어

⊙ 공연과 극장

ticket office 티킷 오피스	매표소
advance ticket 앳번스 티킷	예매권
reserved seat 리저브드 씨잇	예약석
free ticket 프리 티킷	무료 입장권
admission fee 애드미션 피-	입장료
brochure 브뤄우슈어	안내책자
audience 오디언스	관객
auditorium 오더토리엄	객석
houselights 하우스라잇츠	객석의 조명
theater 씨어터	극장
movie 무비	영화
play 플레이	연극
stage 스테이쥐	무대
actor 액터	연기자
performance 퍼포먼스	연기
rerun 리런	재상영
opera 아퍼러	오페라

14장

여행하기

PART 1. 항공편 예약하기
PART 2. 기내에서
PART 3. 도착지 공항에서
PART 4. 관광하기
PART 5. 긴급 상황

Part 1 항공편 예약하기

01 항공편 예약할 때

1 _ 노스웨스트 항공사입니다. 무엇을 도와 드릴까요?

Northwest Airlines. How can I help you?

노스웨스트 에어라인즈 하우 캔 아이 헬 퓨

2 _ 뉴욕으로 가는 항공편을 예약하고 싶습니다.

I'd like to make a reservation to New York.

아이드 라익 투 메이 커 레줘베이션 투 뉴욕

▶ 7월 15일자 항공편을 예약한다면 뒤에 on July 15th를 붙이면 됩니다.

3 _ 언제 출발하시겠습니까?

What day would you like to leave?

왓 데이 우 쥬 라익 투 리브

▶ On what date will you be leaving?이라고 해도 비슷한 표현입니다.

4 _ 7월 15일에 떠나려고 합니다.

I'd like to leave on the 15th of July.

아이드 라익 투 리브 언 더 핍틴쓰 어브 줄라이

▶ 만약에 7월 15일에 떠나서 25일에 돌아올 예정이면 I'm leaving on the 15th of July, and returning on the 25th.로 말할 수 있습니다.

5 _ 언제 돌아오시겠습니까?

When will you return?

웬 윌 유 리터언

6 _ 돌아올 날은 7월 25일입니다.

Our return date is July 25th.

아워 리턴 데잇 이즈 줄라이 트웬티핍스

7 _ 퍼스트 클래스와 이코너미 클래스 중 어느 것을 원하시죠?

Do you want economy class or first class?

두 유 원 어 카너미 클래스 오어 퍼스트 클래스

8 _ 편도표를 원하십니까, 왕복표를 원하십니까?

Would you like a one-way or a round-trip ticket?

우 쥬 라이 커 원-웨이 오어 어 라운드-트립 티킷

▶ one-way ticket : 편도표 round-trip ticket : 왕복표

9 _ 항공 요금이 얼마입니까?

How much is the flight?

하우 머취 이즈 더 플라이트

10 _ 어린이 요금은 얼마입니까?

How much is it for children?

하우 머취 이즈 잇 포 췰드런

02 여러 가지 항공편 문의

1 _ 뉴욕행 직항이 있습니까?

Do you have a direct flight to New York?
두 유 해 버 디렉트 플라잇 투 뉴요옥

▶ a direct flight : 직항편

2 _ 뉴욕행 비행기가 얼마나 자주 있습니까?

How often do you have flights to New York?
하우 오픈 두 유 해브 플라잇츠 투 뉴요옥

3 _ 첫 비행기가 몇 시에 출발합니까?

What time does the first flight leave?
왓 타임 더즈 더 퍼스트 플라잇 리이브

▶ 도착 시간을 묻는 말은 What's the arrival time?이라고 말하면 됩니다.

4 _ 비행 시간이 얼마나 걸리죠?

How long does the flight take?
하우 롱 더즈 더 플라잇 테익

5 _ 비행 중에 식사는 몇 번 제공됩니까?

How many meals are given on the flight?
하우 매니 밀즈 아 기븐 언 더 플라잇

03 항공편 재확인과 변경, 취소

1 _ 예약한 것을 재확인하고 싶습니다.

I'd like to reconfirm my reservation.

아이드 라익 투 리컨펌 마이 레줘베이션

▶ reconfirm : 재확인하다

2 _ 이름과 비행기 번호가 어떻게 되시죠?

May I have your name and flight number?

메이 아이 햅 유어 네임 앤 플라잇 넘버

3 _ 이름은 박민수이고 비행기 번호는 노스웨스트 740입니다.

My name's Minsu Park, and the flight number is NW 740.

마이 네임즈 민수 파악 앤 더 플라잇 넘버 이즈 엔더블유 쎄븐포오지로

4 _ 예약하신 것이 확인되었습니다.

Your reservation has been confirmed.

유어 레줘베이션 해즈 빈 컨펌드

5 _ 죄송합니다만, 예약을 변경하고 싶습니다.

I'm sorry, but I'd like to change my reservation.

아임 쏘리 벗 아이드 라익 투 췌인쥐 마이 레줘베이션

▶ 만약에 7월 10일자로 날짜를 바꾸고 싶다면 I'd like to change it to a flight for July 10th.라고 하면 됩니다.

6 _ 보스턴에서 뉴욕으로 목적지를 바꾸려고 전화했습니다.

I'm calling to change my destination from Boston to New York.

아임 **콜링** 투 **체인쥐** 마이 **데스**터네이션 프럼 **보**스턴 투 뉴요옥

7 _ 예약을 취소하고 싶습니다.

I'd like to cancel my reservation.

아이드 **라**익 투 **캔**슬 마이 레줘**베**이션

04 체크인할 때

1 _ 티켓과 여권을 보여 주시겠습니까?

May I see your ticket and passport, please?

메이 **아**이 씨 유어 **티**킷 앤 **패**스폿 플리즈

2 _ 수하물을 여기에 올려 주시겠습니까?

Can you put your baggage up here?

캔 **유 풋** 유어 **배**기쥐 업 **히**어

▶ 수하물은 미국에서는 baggage, 영국에서는 luggage를 쓰지만 비행기나 배의 짐은 보통 baggage를 씁니다.

3 _ 이 짐은 당신이 직접 싸신 겁니까?

Did you pack this baggage yourself?

디 쥬 팩 디스 **배**기쥐 유어**쎌**프

4 _ 가방은 몇 개나 부치실 겁니까?

How many bags do you want to check in?

해우 매니 백즈 두 유 원 투 체크 인

▶ check in : 탑승수속을 하다, 투숙하다, (수하물을) 맡기다

5 _ 가방 안에 전자 제품이 있습니까?

Are there any electrical items in the bag?

다 데어 애니 일렉트리컬 아이템즈 인 더 백

6 _ 불법인 물건이 있습니까?

Are you carrying any items that may be illegal?

다 유 캐링 어니 아이템즈 댓 메이 비 일리걸

7 _ 원하시는 좌석이 있나요?

Do you have a seating preference?

두 유 해 버 씨잇팅 프리퍼런스

8 _ 창문쪽 자리를 부탁합니다.

I'd like a window seat, please.

아이드 라이 커 윈도우 씨잇 플리즈

▶ window seat : 창가쪽 자리   aisle seat : 통로쪽 자리

9 _ 이것을 비행기 안에 가져갈 수 있습니까?

Can I bring this on the plane?

캔 아이 브링 디스 언 더 플레인

Part 2 기내에서

01 좌석 찾기와 좌석 확인

1 _ 실례합니다. 내 자리가 어디죠?

Excuse me. Where is my seat?

익스큐-즈 미 웨어 이즈 마이 씨잇

▶ 좌석번호를 말할 때에는 My seat number is ~.로 말하면 됩니다.

2 _ 탑승권 좀 보여 주시겠습니까?

Would you show me your boarding pass?

우 쥬 쇼우 미 유어 보딩 패스

▶ 손으로 가리키며 '저 통로로 가세요.' 라고 한다면 That way, please.라고 말할 수 있습니다.

3 _ 손님 좌석은 비행기 우측에 있습니다.

Your seat is on the right side of the plane.

유어 씨잇 이즈 온 더 라잇 싸이드 오브 더 플레인

4 _ 죄송하지만 제 자리에 앉으신 것 같은데요.

Excuse me, but I'm afraid this is my seat.

익스큐-즈 미 벗 아임 어프레이드 디스 이즈 마이 씨잇

▶ 탑승권을 보여 주며 '탑승권에 10-C라고 되어 있다' 라는 말은 Here's my boarding pass, and it says 10-C.라고 말하면 됩니다.

02 좌석 교환

1 _ 제 좌석을 바꿀 수 있을까요?

Can I change my seat?

칸 아이 췌인즈 마이 씨잇

▶ 승무원에게 자리를 바꿔 달라고 할 때 쓸 수 있는 표현입니다.

2 _ 저와 자리를 바꿔 주시겠습니까?

Would you mind changing seats with me?

우 쥬 마인드 체인징 씨잇츠 위드 미

▶ 좌석을 바꾸어 달라고 할 때에는 먼저 앉아서 기다리는 것은 예의에 어긋나므로 바꾸고 싶은 자리에 사람이 으면 가서 정중하게 부탁하는 것이 좋습니다.

3 _ 제 동료와 함께 앉고 싶습니다.

I'd like to sit together with my companion.

० -이드 라익 투 씻 투게더 윗 마이 컴패니언

4 _ 내 자리를 창가쪽 자리로 바꿀 수 있을까요?

Could I change my seat to a window seat?

쿠드 아이 췌긴쥐 마이 씨잇 투 어 윈도우 씨잇

5 _ 제가 다른 자리로 옮겨 드릴까요?

Could I move somewhere else?

쿠드 아이 무-브 썸웨어 엘스

03 기내서비스

1 _ 마실 것을 드릴까요?

Would you like something to drink?

우 쥬 라익 썸씽 투 드링크

▶ drink는 술을 포함한 마실 것을 뜻하고 알코올이 포함되지 않은 청량음료는 soft drink라고 표현합니다.

2 _ 마실 것은 어떤 것들이 있습니까?

What kind of drinks do you have?

왓 카인드 어브 드링스 두 유 해브

3 _ 커피, 차, 주스 그리고 맥주와 칵테일 등이 있습니다.

We have coffee, tea, juice, beer and cocktails.

위 해브 커피 티 쥬스 비어 앤 칵테일즈

4 _ 주스 한 잔 주세요.

I'd like a glass of juice, please.

아이드 라이 커 글래스 어브 쥬스 플리즈

▶ '~를 주세요.'라는 말은 I'd like ~.라는 표현을 쓰면 됩니다.

5 _ 물 좀 주시겠어요?

May I have a glass of water, please?

메이 아이 해 버 글래스 어브 워터 플리즈

6 _ 읽을 것이 있나요?

Do you have anything to read?
두 유 해브 애니씽 투 리드

7 _ 담요를 가져다주시겠어요?

Could you get me a blanket, please?
쿠 쥬 겟 미 어 블랭킷 플리즈

8 _ 영화는 언제 상영합니까?

When do you show the movie?
웬 두 유 쇼우 더 무비

▶ 무슨 영화가 상영되는지 묻는다면 What movies are you playing?이라고 하면 됩니다.

9 _ 기내에서 면세품을 팝니까?

Do you sell tax-free goods on the plane?
두 유 셀 택스-프리 굳즈 언 더 플레인

▶ tax-free[duty-free] goods : 면세품

10 _ 면세품에 관한 안내책자를 보여 주시겠어요?

Will you show me a brochure for duty-free goods?
윌 유 쇼우 미 어 브로슈어 포 듀티-프리 굳즈

▶ 기내에서는 양주, 향수, 화장품, 담배 등의 선물용 제품이나 기호품을 면세된 가격으로 구입할 수 있습니다.

04 기내식

1 _ 닭고기와 쇠고기 중 어떤 것으로 하시겠습니까?

Would you prefer chicken or beef?

우 쥬 프리퍼 치킨 오어 비프

▶ prefer : 오히려 ~을 더 좋아하다

2 _ 전 닭고기로 먹겠습니다.

I'd like the chicken, please.

아이드 라익 더 치킨 플리즈

▶ 종교적인 이유나 건강상의 이유로 음식을 가려 먹어야 한다면 탑승 예약을 할 때 미리 말해 두는 것이 좋습니다.

3 _ 쇠고기로 부탁합니다.

Beef, please.

비프 플리즈

4 _ 디저트로는 무엇을 드시겠습니까?

What would you like for dessert?

왓 우 쥬 라익 포 디저트

5 _ 아이스크림을 주세요.

I'll have some ice cream.

아일 햅 썸 아이스 크림

05 입국[세관] 신고서 작성

1 _ 이 신청서를 작성하는 방법 좀 가르쳐 주시겠어요?

Could you show me how to fill out this form?

쿠 쥬 쇼우 미 하우 투 필 아웃 디스 포옴

▶ 어떤 것을 하는 방법을 알려 달라고 할 때에는 Could you show me how to ~?라는 표현을 쓸 수 있습니다.

2 _ 우리 비행기편 번호가 뭐죠?

What's our flight-number?

왓츠 아워 플라잇 넘버

3 _ 이 입국 신고서를 작성 해 주세요.

Please fill out this entry declaration card.

플리즈 필 아웃 디스 엔트리 데클러레이션 카드

▶ entry[customs] declaration card : 입국[세관] 신고서

4 _ 여기에 무엇을 써야 하는지 가르쳐 주시겠어요?

Could you tell me what I should write here?

쿠 쥬 텔 미 왓 아이 슛 라잇 히어

5 _ 실수를 했어요. 다른 카드를 주시겠어요?

I made some mistakes. May I have another card?

아이 메이드 썸 미스테잌스 메이 아이 해브 어나더 카드

06 몸이 좋지 않을 때

1 _ 몸이 좋지 않아요.
I don't feel very well.
아이 돈 필 베리 웰

2 _ 속이 울렁거립니다.
I feel a bit nauseous.
아이 필 어 빗 노셔스

▶ nauseous : 토할 것 같은, 욕지기나게 하는

3 _ 토할 것 같습니다.
I feel like throwing up.
아이 필 라익 쓰로잉 어업

▶ '토하다'라는 말은 throw up과 vomit가 있는데 보통 구어에서는 throw up을 씁니다.

4 _ 멀미용 봉지를 주시겠습니까?
Could you give me an airsickness bag?
쿠 쥬 깁 미 언 에어씨니스 백

▶ airsickness : 비행기 멀미

5 _ 머리가 어지럽습니다.
My head is spinning.
마이 헤드 이즈 스피닝

6 _ 소화제가 있습니까?

Do you have something to aid digestion?

두 유 해브 썸씽 투 에이드 다이제스천

7 _ 멀미약이 있나요?

Do you have pills for airsickness?

두 유 해브 필즈 포 에어씩니스

▶ 알약은 pill, 정제약은 tablet, 가루약은 powder, 물약은 liquid medicine이라고 표현합니다.

8 _ 복통에 좋은 약 있나요?

Do you have anything good for an upset stomach?

두 유 해브 다니씽 굿 포 언 업셋 스터먹

9 _ 머리가 몹시 아파요. 아스피린 있나요?

I have a terrible headache. Do you have any aspirin?

아이 해브 어 테러블 헤데익 두 유 해브 애니 애스피린

▶ '체한 것 같다'라는 말을 하고 싶다면 My stomach is a bit upset.라고 말하면 됩니다.

10 _ 약을 가져다 드리겠습니다.

I'll bring you some medicine.

아윌 브링 유 썸 메더슨

07 환승할 때

1 _ 뉴욕행 연결편을 타야 합니다.

I have to catch a connecting flight to New York.

아이 햅 투 캐치 어 커넥팅 플라잇 투 뉴요옥

2 _ 노스웨스트 707편으로 갈아타려고 합니다.

I'm connecting to Northwest flight 707.

아임 커넥팅 투 노오스웨스트 플라잇 쎄븐지로쎄븐

▶ 만약 7번 게이트 위치를 묻는다면 Where can I find gate 7?이라고 하면 됩니다.

3 _ 'TRANSFER'라고 표시된 표시판을 따라가세요.

Follow that sign marked 'TRANSFER'.

팔로우 댓 싸인 마크드 트랜스퍼

4 _ 방금 연결편을 놓쳤습니다.

I just missed my connecting flight.

아이 저스트 미스트 마이 커넥팅 플라잇

5 _ 오늘 이용할 수 있는 다른 항공편이 있습니까?

Do you have any other flights available today?

두 유 해브 애니 아더 플라잇츠 어베이러블 터데이

Part 3 도착지 공항에서

01 입국 심사

1 _ 여권 좀 보여 주시겠습니까?

May I see your passport, please?

메이 아이 씨- 유어 패스폿 플리-즈

▶ 짧게 Your passport, please.라고 말하기도 합니다.

2 _ 방문 목적이 무엇입니까?

What's the purpose of your visit?

왓츠 더 퍼퍼스 어브 유어 비짓

▶ purpose : 목적

3 _ 사업차 왔습니다.

I'm here for business.

아임 히어 포 비지니스

▶ '관광차 왔습니다.' 라고 하면 I'm here for sightseeing.이라고 하면 됩니다.

4 _ 일행이 몇 분입니까?

How many are there in your party?

하우 매니 아 데어 인 유어 파티

▶ 여기에서 party는 사교상의 파티가 아니라 '일행, 무리' 라는 뜻입니다.

325

5 _ 가지고 있는 돈이 얼마나 되시죠?
How much money do you have with you?
하우 머치 머니 두 유 해브 위드 유

6 _ 목적지가 어디입니까?
Where is your destination?
웨어 이즈 유어 데스터네이션

7 _ 어디에서 머무를 예정인가요?
Where are you staying?
웨어 아 유 스테잉

▶ 쉐라톤 호텔에 3일을 머문다면 I'm staying for 3 days at the Sheraton Hotel.이라고 하면 됩니다.

8 _ 미국에 친척이 있습니까?
Do you have any relatives in the USA?
두 유 해브 애니 렐러티브즈 인 더 유에쎄이

9 _ 미국에서 얼마나 머물 계획입니까?
How long do you expect to stay in the USA?
하우 롱 두 유 익스펙 투 스테이 인 더 유에쎄이

10 _ 즐겁게 계시다가 가시기 바랍니다.
Enjoy your stay.
인조이 유어 스테이

02 수하물을 찾을 때

1 _ 제 짐을 어디에서 찾을 수 있습니까?

Where can I pick up my baggage?

웨어 캔 아이 픽 업 마이 배기쥐

▶ pick up : 집어 올리다, 되찾다

2 _ 수하물을 찾는 곳은 어디입니까?

Where is the baggage claim area?

웨어 이즈 더 배기쥐 클레임 에어리어

▶ baggage claim : (공항의) 수하물 찾는 곳

3 _ 저쪽에 사람들이 서 있는 곳입니다.

Over there where all the people are standing.

오버 데어 웨어 올 더 피플 아 스탠딩

4 _ 제 짐들을 찾을 수가 없습니다.

I can't find my baggage.

아이 캔트 파인드 마이 배기쥐

5 _ 제 짐을 찾는 것을 도와 주시겠어요?

Could you help me to find my baggage?

쿠 쥬 헬프 미 투 파인드 마이 배기쥐

6 _ 제 짐이 도착하지 않았습니다. 누구에게 알아봐야 합니까?

My baggage didn't arrive. Who should I see about that?

마이 배기쥐 디든 어라이브 후 슛 아이 씨 어바웃 댓

7 _ 당신의 수하물 보관표를 보여 주시겠습니까?

Can I see your baggage claim tag?

캔 아이 씨 유어 배기쥐 클레임 택

8 _ 분실한 짐은 모두 몇 개입니까?

How many pieces of baggage have you lost?

하우 매니 피시스 어브 배기쥐 해 뷰 러스트

9 _ 당신의 가방에 대해 설명해 주시겠습니까?

Can you describe your bag?

캔 유 디스크라이 뷰어 백

10 _ 검정색 큰 가죽 가방입니다.

It's a large leather suitcase. It's black.

잇츠 어 라아쥐 레더 슛케이스 잇츠 블래액

11 _ 당신의 짐을 찾는 즉시 연락드리겠습니다.

We'll let you know as soon as we find your baggage.

위윌 렛 유 노우 애즈 수운 애즈 위 파인드 유어 배기쥐

03 세관 심사

1 _ 신고할 것이 있습니까?

Do you have anything to declare?

두 유 해브 애니씽 투 디클레어

▶ 신고할 것이 없다면 I have nothing to declare.로 말하면 됩니다.

2 _ 세관 신고서 좀 보여 주시겠어요?

Would you show me your customs declaration form?

우 쥬 쇼우 디 유어 커스텀즈 데크러레이션 포옴

3 _ 당신 가방을 여기 테이블에 놓아주시겠습니까?

Would you please put your suitcase on this table?

우 쥬 플리-즈 풋 유어 숫케이스 온 디스 테이블

4 _ 이 가방을 열어 보시겠어요?

Will you please open this bag?

윌 유 플리즈 오픈 디스 백

5 _ 이 짐 속의 내용물은 무엇입니까?

What's the content of this package?

왓츠 더 컨텐트 어브 디스 패키쥐

6 _ 나의 일상 용품입니다.

These are for my personal use.
디즈 아 포 마이 퍼서널 유즈

7 _ 이 위스키는 세금을 지불하셔야 합니다.

You have to pay a duty for this whiskey.
유 햅 투 페이 어 튜티 포 디스 위스키

8 _ 이것이 당신이 가지고 있는 전부입니까?

Is this all you have?
이즈 디스 올 유 해브

04 공항에서 목적지로 갈 때

1 _ 시내로 가는 공항 버스가 있습니까?

Is there an airport bus to the city?
이즈 데어 언 에어폿 버스 투 더 씨티

▶ 버스가 얼마나 자주 오느냐고 물을 때에는 How often does it come?으로 표현할 수 있습니다.

2 _ 여기에서 시내로 가는 가장 좋은 방법이 무엇입니까?

What is the best way to get downtown from here?
왓 이즈 더 베스트 웨이 투 겟 다운타운 프럼 히어

3 _ 힐튼 호텔로 가려면 어떻게 가야 합니까?
How can I get to the Hilton Hotel?
하우 캔 아이 겟 투 더 힐튼 호텔

4 _ 버스 정류장은 어디입니까?
Where is the bus stop?
웨어 이즈 더 버스 스탑

5 _ 어디에서 택시를 탈 수 있습니까?
Where can I catch a taxi?
웨어 캔 아이 캐취 어 택시

▶ '택시를 잡다'라고 할 때에는 catch a taxi, 또는 hail a taxi라고 표현할 수 있습니다.

6 _ 시내 지도를 한 장 얻을 수 있습니까?
May I have a city map?
메이 아이 하 버 씨티 맵

7 _ 여기에서 호텔을 예약할 수 있습니까?
Can I reserve a hotel here?
캔 아이 리즈브 어 호텔 히어

8 _ 짐 나르는 사람을 불러 주세요.
Please get me a porter.
플리즈 겟 미 어 포러

Part 4 관광하기

01 관광 정보 문의

1 _ 관광 지도가 있습니까?

Do you have a tourist map?

두 유 해 버 투어리스트 맵

▶ 한 장의 지도는 map이라고 하고 한 장의 지도를 책으로 엮은 것은 atlas라고 합니다.

2 _ 관광 안내책자 한 권 주십시오.

Please give me a sightseer's pamphlet.

플리즈 깁 미 어 싸잇씨어즈 팸플럿

▶ sightseer : 관광객 cf. sightseeing : 관광

3 _ 이 근처에 한국 식당이 있습니까?

Is there a Korean restaurant near here?

이즈 데어 러 커리언 레스터런트 니어 히어

▶ 근처에 극장이 있나를 물을 때에는 Is there a theater near here?라고 하면 됩니다.

4 _ 버스 노선도를 주세요.

I'd like a bus route map.

아이드 라이 커 버스 루트 매앱

5 _ 이틀 정도 머물 예정입니다. 어디를 가면 좋을까요?

I'm planning to stay for 2 days. Where should I go?

아임 플래닝 트 스테이 포 투 데이즈 웨어 슈드 아이 고우

6 _ 가장 유명한 관광 명소는 어디인가요?

What are the most famous tourist attractions?

왓 아 더 모스트 페이머스 투어리스트 어트랙션즈

▶ attraction : 사람의 마음을 끄는 것, 매력

7 _ 이 도시에는 볼 만한 것이 무엇이 있습니까?

What should I see in this city?

왓 슛 아이 씨 인 디스 씨티

8 _ 갈 만한 곳을 추천해 주시겠어요?

Would you recommend some interesting places?

우 쥬 레커민드 썸 인터레스팅 플레이시스

9 _ 전망이 좋은 곳은 어디입니까?

Where is the place to enjoy a nice view?

웨어 이즈 더 플레이스 투 인조이 어 나이스 뷰우

10 _ 거기는 방문할 만한가요?

Is the place worth a visit?

이즈 더 플레이스 워쓰 어 비짓

02 관광버스에 대한 문의

1 _ 시내 관광 버스가 있습니까?

Do you have a sightseeing bus of the city?

두 유 해 버 싸잇씨잉 버스 어브 더 씨티

▶ 가이드가 있는지 물을 때에는 Do you have a guide?라고 말하면 됩니다.

2 _ 몇 시에 출발합니까?

What time does it leave?

왓 타임 더즈 잇 리이브

3 _ 관광 버스가 어디를 갑니까?

Where does this sightseeing bus go?

웨어 더즈 디스 싸잇씨잉 버스 고우

4 _ 언제 돌아옵니까?

When will we return?

웬 윌 위 리터언

5 _ 일인당 비용은 얼마입니까?

What's the rate per person?

왓츠 더 레잇 퍼 퍼슨

▶ rate는 어떤 단위당 기준 가격을 말하고, 탈 것의 요금은 fare, 각종 수수료나 무형의 봉사에 대한 요금은 fee라고 합니다.

03 관광지에서

1 _ 저것은 무엇인가요?

What's that?

왓츠 댓

2 _ 얼마나 오래된 것입니까?

How old is it?

하우 올드 이즈 잇

▶ 언제 지어진 것인지 알고 싶다면 When was it built?라고 말할 수 있습니다.

3 _ 저기에 있는 건물은 무슨 건물이죠?

What's that building over there?

왓츠 댓 빌딩 오버 데어

4 _ 무엇을 위해서 지어졌나요?

What was it for?

왓 워즈 잇 포오

▶ 어떤 것에 대한 이유나 용도를 물을 때에는 What ~ for?라는 표현을 쓰면 됩니다.

5 _ 선물 가게는 어디에 있습니까?

Where is the gift shop?

웨어 이즈 더 기프트 샵

04 사진을 찍을 때

1 _ 여기에서 사진을 찍어도 됩니까?

May I take pictures here?

메이 **아**이 테익 **픽춰**즈 히어

> ▶ 나라마다 사진 촬영을 금하는 곳이 있으므로 안내원이나 현지인에게 물어보고 사진을 찍는 것이 좋습니다.

2 _ 저희들 사진 좀 찍어 주시겠습니까?

Would you please take a picture for us?

우 **쥬** 플리즈 테이 커 **픽춰** 포 러스

> ▶ take a picture : 사진 찍다

3 _ 이 셔터만 누르시면 됩니다.

You just press the shutter.

유 **저**스트 프레스 더 **셔**터

4 _ 저와 사진 한 장 찍으시겠어요?

Would you like to have a picture taken with me?

우 **쥬** 라익 투 해 버 **픽춰** **테**이큰 위드 미

5 _ 당신 사진을 찍어도 되겠습니까?

May I take a picture of you?

메이 **아**이 테이 커 **픽춰** 어브 유

Part 5 긴급 상황

01 사고가 났을 때

1 _ 도와 주세요!

Please help me!
플리즈 헬프 미

2 _ 차 사고가 났습니다.

We've had a car accident.
위브 해 더 카 액써던트

▶ accident는 교통 사고와 같이 뜻하지 않게 일어나는 사고를 말하고 중기 사건으로 발전할 위험성이 있는 사고는 incident라고 합니다.

3 _ 여기 사람이 다쳤어요.

There's an injured person here!
데어즈 언 인쥬어드 퍼슨 히어

▶ 친구가 차에 치였다면 My friend was hit by a car.라고 말할 수 있습니다.

4 _ 구급차를 불러 주시겠어요?

Could you call an ambulance for me?
쿠 쥬 콜 언 앰뷸런스 포 미

▶ 빨리 경찰을 불러 달라고 한다던 Please call the police right away!라고 말하면 됩니다.

02 사고 상황을 설명할 때

1 _ 정확하게 무슨 일이 일어났는지 말씀해 주시겠습니까?

What happened exactly?

왓 해펀드 이그잭틀리

2 _ 그 사람 차가 내 차를 받았습니다.

His car ran into my car.

히즈 카 랜 인투 마이 카아

3 _ 그 사람이 신호를 무시했습니다.

He ignored the traffic signal.

히 이그노어드 더 트래픽 씨그널

4 _ 그 차가 눈 위에서 미끄러졌어요.

The car skidded on the snow.

더 카 스키디드 온 더 스노우

▶ skid : (브레이크를 건 채) 미끄러지다

5 _ 제 잘못이 아닙니다.

It wasn't my fault.

잇 워즌트 마이 폴트

▶ 교통사고가 나면 I'm sorry.라는 말은 내가 잘못했음을 인정하는 말이므로 전적으로 잘못한 경우가 아니면 절대 사용하지 말고 경찰이 묻는 말에만 대답하는 것이 좋습니다.

03 도난과 분실

1 _ 여권을 잃어버렸어요.

I've lost my passport.
아이브 러스트 마이 패스폿

2 _ 내 가방이 없어졌습니다.

My bag is missing.
마이 백 이즈 미씽

▶ 지갑을 도둑 맞았다면 My purse was stolen.으로 말하면 됩니다.

3 _ 신용카드 분실 신고를 하겠습니다.

I want to report a lost credit card.
아이 원 투 리포 터 러스트 크레딧 카드

4 _ 여권을 어딘가에 두고 왔어요.

I left my passport somewhere.
아이 렙트 마이 패스폿 썸웨어

▶ 어디에 두었는지 기억이 안 난다면 I don't remember where I left it.라고 말하면 됩니다.

5 _ 한국어를 할 줄 아는 직원을 불러 주시겠습니까?

Could you call for a Korean speaking staff?
쿠 쥬 콜 도 러 커리언 스피킹 스탭

04 분실물 신고소에서

1 _ 언제 가방이 없어진 것을 아셨습니까?
When did you notice your bag was missing?
웬 디 쥬 노우티스 유어 백 워즈 미씽

2 _ 어떻게 생긴 가방인가요?
What did the bag look like?
왓 디드 더 백 룩 라익

▶ '~는 어떻게 생겼나요?' 라고 물을 때에는 What ~ look like? 라는 표현을 쓸 수 있습니다.

3 _ 그 안에 무엇이 들었습니까?
What's in it?
왓츠 인 잇

4 _ 이 서류를 작성해 주시겠습니까?
Could you fill out this form?
쿠 쥬 필 아웃 디스 포옴

▶ fill out : (문서 등의) 여백을 채우다   form : 문서의 양식, 서식

5 _ 찾으면 연락해 드리겠습니다.
We'll call you if we find it.
위윌 콜 유 이프 위 파인 딧

알아 두면 좋은 영단어

◉ 예약 관련 단어

reservation 레저베이션	예약
airlines 에어라인즈	항공사
flight ticket 플라잇 티킷	항공권
first class 퍼스트 클래스	일등석
business class 비지니스 클래스	이등석
economy class 이카너미 클래스	일반석
round-trip ticket 라운드-트립 티킷	왕복권
one-way ticket 원-웨이 티킷	편도권
direct flight 디렉트 플라잇	직항편
via 바이어	~을 경유하여
airfare 에어페어	항공 요금
waiting list 웨이팅 리스트	대기자 명단
confirm 컨펌	확인하다
reconfirm 리컨펌	재확인하다
change 체인쥐	변경하다
cancel 캔슬	취소하다
flight number 플라잇 넘버	항공편 번호

알아 두면 좋은 영단어

⊙ 체크인 관련 단어

boarding pass 보딩 패스		탑승권
passport 패스포트		여권
aisle seat 아일 씨잇		통로측 좌석
window seat 윈도우 씨잇		창가쪽 좌석
claim tag 클레임 택		수하물 인환증
baggage 배기쥐		짐
extra charge 엑스트러 챠쥐		초과 요금
security check 씨큐어러티 첵		보안 검사
arrivals lobby 어라이벌즈 라비		승객 대기실
carry-on baggage 캐리언 배기쥐		휴대 수하물
boarding time 보딩 타임		탑승 시간
boarding area 보딩 에어리어		탑승장
embarkation card 임바케이션 카드		출국 카드
disembarkation card 디셈바케이션 카드		입국 카드
boarding gate 보딩 게잇		탑승 게이트
domestic flight 더메스틱 플라잇		국내선
international flight 인터내셔널 플라잇		국제선

알아 두면 좋은 영단어

ⓒ 비행기 관련 단어

seat 씨잇	좌석
call button 콜 버튼	호출 버튼
armrest 암웨스트	팔걸이
lavatory 라버토리	화장실
seat belt 씨잇 벨트	안전벨트
emergency exit 이머전시 엑짓트	비상구
oxygen mask 옥씨즌 매스크	산소 마스크
life jacket 라이프 재킷	구명 재킷
tray table 트레이 테이블	식사용 간이 테이블
transit 트랜씻	통과
transit pass 트랜씻 패스	통과권
transit card 트랜씻 카드	환승 카드
transit passenger 트랜씻 패쓴저	환승객
waiting room 웨이팅 룸	대합실
connecting flight 커넥팅 플라잇	연결편
landing 런딩	착륙
take-off 테이-커프	이륙

알아 두면 좋은 영단어

◉ 관광 관련 단어

tour 투어	관광
bus tour 버스 투어	버스 관광
tourist 투어리스트	관광객
tourist information office 투어리스트 인포메이션 오피스	관광 안내소
visitor's guide 비지터즈 가이드	관광 안내서
full day tour 풀 데이 투어	하루 관광
half day tour 해프 데이 투어	반나절 관광
guide 가이드	가이드
fellow traveler 펠로우 트래블러	일행
gathering 개더링	집합
rest 레스트	휴식
free time 프리 타임	자유 시간
downtown 다운타운	번화가
excursion boat 익스커전 보옷	유람선
view 뷰	경치
amusement park 어뮤즈먼 파크	유원지
historic sites 히스토릭 싸잇츠	역사 유적지

15장

호텔에서

PART 1. 호텔예약
PART 2. 체크인
PART 3. 호텔 서비스
PART 4. 호텔에서 문제 발생
PART 5. 체크아웃

Part 1 호텔 예약

01 예약할 때

1 _ 예약을 하고 싶습니다.

I'd like to make a reservation.

아이드 라익 투 메이커 레줘베이션

▶ 호텔을 예약할 때에는 직접 현지 호텔로 연락해서 예약할 수도 있으나 여행사나 사이트상의 대행사를 통해 예약하는 것이 더 손쉽고 저렴합니다.

2 _ 며칠로 예약을 해 드릴까요?

What date would you like to make your reservation?

왓 데잇 우 쥬 라익 투 메이 큐어 레줘베이션

▶ 여기서 date는 '날짜'라는 뜻인데 약속, 특히 이성과의 약속을 말할 때도 이 표현을 씁니다.

3 _ 얼마 동안 머무르실 겁니까?

How long will you be staying?

하우 롱 윌 유 비 스테잉

4 _ 이틀 동안 머물 겁니다.

I'll be staying for two days.

아윌 비 스테잉 포 투 데이즈

5 _ 어떤 종류의 방을 원하십니까?

What kind of room would you like?

왓 카인 더브 루움 우 쥬 라익

▶ 호텔 객실의 침대 타입은 싱글룸, 트윈룸, 더블룸, 스위트룸 등이 있습니다.

6 _ 더블룸을 부탁합니다.

I'd like a double room, please.

아이드 라이 커 더블 루움 플리즈

7 _ 박민수라는 이름으로 예약하려고 합니다.

I want to make a reservation under the name of Minsu Park.

아이 원 투 메이 커 레줘베이션 언더 더 네임 어브 민수 파악

02 원하는 방을 말할 때와 요금 문의

1 _ 전망이 좋은 방으로 주세요.

I'd like a room with a view.

아이드 라이 커 룸 위드 어 뷰우

2 _ 조용한 방을 원합니다.

I'd like a quiet room.

아이드 라이 커 콰이엇 룸

3 _ 인터넷이 되는 방을 주세요.
I'd like a room with an internet connection.
아이드 라이 커 루움 위드 언 인터넷 커넥션

4 _ 방 3개를 예약하고 싶습니다.
I'd like to book a total of 3 rooms.
아이드 라익 투 북 어 토우틀 어브 뜨리 룸즈

▶ book : (좌석이나 방을) 예약하다

5 _ 하룻밤 요금이 얼마입니까?
What's the charge per night?
왓츠 더 차아쥐 퍼 나잇

6 _ 1인실이 얼마입니까?
How much do you charge for a single room?
하우 머취 두 유 차지 포 러 씽글 루움

7 _ 숙박 요금에 조식이 포함되어 있는 건가요?
Is breakfast included in the rate?
이즈 블랙퍼스트 인클루디드 인 더 레잇

8 _ 조금 싼 방이 있습니까?
Do you have anything cheaper?
두 유 해브 애니씽 치퍼

03 예약 확인과 변경, 취소

1 _ 예약한 것을 확인하고 싶습니다.

I'd like to check my reservation.

가이드 라익 투 첵 마이 레줘베이션

2 _ 이름이 어떻게 되시죠?

May I have your name, please?

메이 아이 해 뷰어 네임 플리즈

3 _ 예약을 변경하고 싶습니다.

I'd like to change my reservation.

가이드 라익 투 췌인쥐 마이 레줘베이션

4 _ 7월 5일을 7월 10일로 변경하고 싶습니다.

I'd like to change July 5th to July 10th.

가이드 라익 투 췌인쥐 쥴라이 핍쓰 투 쥴라이 텐쓰

▶ 만약 싱글룸 2개를 더블룸 하나로 바꾸고 싶다면 I'd like to change from two singles to one double.이라고 표현할 수 있습니다.

5 _ 예약을 취소하고 싶어요.

I'd like to cancel my reservation.

가이드 라익 투 캔설 마이 레줘베이션

04 방이 없을 때

1 _ 죄송하지만 그날에는 빈방이 없습니다.

I'm afraid that we have no vacancies for that date.

아임 어프레이드 댓 위 해브 노 베이컨시스 포 댓 데잇

▶ vacancy : 빈방

2 _ 내일 밤에는 방이 있습니까?

Will you have anything tomorrow night?

윌 유 해브 애니띵 터모-로우 나잇

3 _ 대기자 명단에 올려 주실래요?

Can I get on the waiting list?

캔 아이 겟 온 더 웨이링 리스트

▶ waiting list : (예약, 입주, 입학 등의) 대기자 명단

4 _ 빈방이 나면 저에게 연락을 주세요.

If you have any vacancies, let me know.

이프 유 해브 애니 베이컨시스 렛 미 노우

5 _ 이름과 전화번호를 남겨 주세요.

Leave your name and phone number, please.

리-브 유어 네임 앤 폰 넘버 플리즈

Part 2 체크인

01 체크인할 때

1 _ 체크인을 하고 싶습니다.

I'd like to check in, please.

아이드 라익 투 체크 인 플리즈

▶ 호텔에 도착하여 프런트에서 등록카드를 작성하고 방 열쇠를 받아 방으로 가는 것을 체크인(check-in)이라고 합니다.

2 _ 예약하셨습니까?

Do you have a reservation?

두 유 해 버 레줘베이션

▶ 서울에서 예약을 했다면 I made a reservation in Seoul.이라고 말하면 됩니다.

3 _ 어느 분 이름으로 예약되어 있습니까?

What name is it under?

왓 네임 이즈 잇 언더

4 _ 박민수라는 이름으로 예약했습니다.

I have a reservation under the name of Minsu Park.

아이 해 버 레줘베이션 언더 더 네임 어브 민수 파악

5 _ 이 양식을 작성해 주시겠습니까?

Could you fill out this form, please?

쿠 쥬 필 아웃 디스 포옴 플리즈

6 _ 손님의 방 번호는 5층 505호입니다.

Your room number is 505 on the fifth floor.

유어 룸 넘버 이즈 파이브오우파이브 언 더 핍쓰 플로어

02 예약을 하지 않았을 때

1 _ 예약을 하지 않았는데, 빈방이 있습니까?

I don't have a reservation. Do you have any vacancies?

아이 돈 해 버 레줘베이션 두 유 해브 애니 베이컨씨즈

▶ 만약 예약을 하지 못했더라도 방만 있으면 호텔에 묵을 수 있습니다. 그러나 밤에는 위험할 수 있으므로 가능하면 낮에 호텔을 구하는 것이 좋습니다.

2 _ 오늘 밤 이용 가능한 방이 있습니까?

Do you have a room available tonight?

두 유 해 버 룸 어베이러블 터나잇

3 _ 3일 동안 숙박할 예정입니다.

I'm going to stay for three days.

아임 고잉 투 스테이 포 뜨리 데이즈

4 _ 지금은 방이 없습니다.

There's no vacancy at the moment.
데어즈 노 베이컨씨 앳 더 모우먼트

5 _ 근처에 다른 호텔 있습니까?

Are there any hotels nearby?
아 데어 애니 호텔즈 니어바이

▶ 근처에 있는 다른 호텔을 추천해 달라고 한다면 Could you recommend another hotel nearby?라고 말하면 됩니다.

03 객실로 이동할 때

1 _ 제 짐을 운반해 줄 사람이 필요합니다.

I need somebody to help me with my luggage.
아이 니잇 썸바디 투 헬프 미 윗 마이 러기쥐

2 _ 벨맨을 불러 드리겠습니다.

I'll ring for the bellman.
아윌 링 포 더 벨먼

3 _ 제 방으로 짐을 가져다 주십시오.

Please have a bellboy carry my luggage up to my room.
플리즈 해브 벨보이 캐리 마이 러기쥐 업 투 마이 루움

4 _ 이 가방을 엘리베이터까지 운반해 주세요.

Please take this bag to the elevator.

플리즈 테익 디스 백 투 디 **엘러베이러**

▶ take A to B : A를 B로 가지고 가다

5 _ 방으로 안내해 드리겠습니다.

I'll take you to the room.

아윌 테이 큐 투 더 **루움**

6 _ 필요한 것이 있으시면, 프런트로 전화해 주세요.

If you need anything, please call the front desk.

이프 유 **니잇** 애니씽 플리즈 콜 더 프런트 데스크

7 _ 편히 쉬시기를 바랍니다.

I hope you'll have a very comfortable stay.

아이 **호프** 유윌 해 버 **베리 컴퍼터블** 스테이

8 _ 이 방은 마음에 안 드는군요. 다른 방을 볼 수 있을까요?

I don't like this room. Can I see another room?

아이 **돈** 라익 디스 **루움** 캔 **아이** 씨- 어나더 **루움**

9 _ 방을 좀 바꿔 주시겠습니까?

Could you please change my room?

쿠 쥬 플리-즈 췌인쥐 마이 **루움**

Part 3 호텔 서비스

01 룸서비스를 이용할 때

1 _ 지금 룸서비스를 이용할 수 있습니까?

Is room service available now?

이즈 룸 써비스 어베이러블 나우

▶ 룸서비스 전화번호를 묻는 다면 What number do I call for room service?라고 표현할 수 있습니다.

2 _ 제 방으로 아침을 가져다 주시겠습니까?

Could I have breakfast in my room?

쿳 아이 해브 브렉퍼스트 인 마이 루움

▶ 방에서 식사를 하고 싶다면 룸서비스를 이용하면 되는데 식당에 가서 먹는 것보다 보통 10~25% 정도 비쌉니다.

3 _ 여기는 505호입니다.

This is room 505.

디스 이즈 룸 파이브오우파이브

▶ 만약에 505호로 커피 2잔을 부탁한다면 Two cups of coffee for room 505, please.라고 말하면 됩니다.

4 _ 9시에 가져다 주세요.

I'd like it at nine.

아이드 라이 킷 앳 나인

5 _ 30분 전에 부탁한 아침 식사가 아직 안 왔습니다.

I didn't get the breakfast that I asked for 30 minutes ago.

아이 디든 겟 더 브랙퍼스트 댓 아이 애스크트 포 떠리 미닛츠 어고우

6 _ 주문한 것 좀 빨리 가져다 주시겠어요?

Could you rush the order?

쿠 쥬 러쉬 디 오더

02 모닝콜을 부탁할 때

1 _ 6시에 깨워 주십시오.

Please wake me up at 6:00

플리즈 웨익 미 업 앳 씩스

▶ wake ~ up : ~를 깨우다

2 _ 내일 아침 6시에 모닝콜을 해 주시겠습니까?

Would you give a wake-up call at six tomorrow morning?

우 쥬 기 버 웨이-컵 콜 앳 씩스 터모로우 모닝

3 _ 6시 모닝콜을 취소하고 싶습니다.

I'd like to cancel my 6:00 wake-up call.

아이드 라익 투 캔슬 마이 씩스 어클락 웨이-컵 콜

03 세탁을 부탁할 때

1 _ 제 셔츠와 바지를 세탁하고 싶습니다.

I'd like to have my shirts and trousers cleaned.

아이드 라익 투 해브 마이 셔츠 앤 트라우저어즈 클린드

2 _ 제 정장을 드라이클리닝을 해 주세요.

I'd like my suit drycleaned.

아이드 라익 마이 수웃 드라이클린드

3 _ 세탁할 것이 있습니다.

I have some laundry I need done.

아이 해브 섬 론드리 아이 니잇 더언

▶ laundry 세탁물

4 _ 이것을 다림질해 주세요.

Please have this pressed.

플리즈 햅 디스 프레스트

▶ 옷 등을 다릴 때에는 press나 iron이란 표현을 씁니다.

5 _ 언제까지 됩니까?

When will it be ready?

웬 윌 잇 비 레디

6 _ 내일 아침까지 준비해 드리겠습니다.

We'll have it ready for you by tomorrow morning.

위 윌 해 빗 레디 포 유 바이 터마로우 **모**오닝

7 _ 오늘 밤에 필요합니다.

I need them tonight.

아이 **니**잇 뎀 터나잇

04 청소를 부탁할 때

1 _ 외출해 있는 동안 제 방을 청소해 주시겠습니까?

Would you clean my room while I'm out?

우 쥬 클린 마이 **루**움 와일 아임 **아**웃

2 _ 방 정리를 부탁드립니다.

Please make up my room.

플리즈 **메**이 컵 마이 **루**움

▶ make up : 화장하다, 포장하다, 수선하다

3 _ 침대를 정돈해 주세요.

Please make the bed.

플리즈 **메**익 더 **베**엣

05 귀중품을 보관할 때

1 _ 귀중품을 보관하고 싶습니다.

I'd like to deposit my valuables.

아이드 라익 투 디파짓 마이 밸류어블즈

▶ deposit : 맡기다   valuables : (보통 복수로) 귀중품

2 _ 이 물건을 내일까지 보관해 주시겠어요?

Can I leave this here with you until tomorrow?

캔 아이 리브 디스 히어 위드 유 언틸 터마로우

▶ 만약에 방에 금고가 있냐고 묻는다면 Is there a safe in the room?이라고 말하면 됩니다.

3 _ 이 양식을 작성해 주시겠습니까?

Will you fill out this form?

윌 유 필 아웃 디스 포옴

4 _ 여기에 귀중품을 넣어 주십시오.

Please put your valuables in here.

플리즈 풋 유어 밸류어블즈 인 히어

▶ put ~ in : ~을 안에 넣다

5 _ 귀중품을 돌려주세요.

I'd like my valuables back.

아이드 라익 마이 밸류어블즈 백

06 우편 · 통신 서비스

1 _ 이 소포를 한국으로 보내고 싶습니다.

I'd like to send this parcel to Korea.

아이드 라익 투 쎈 디스 파설 투 커리어

▶ parcel : 소포, 꾸러미

2 _ 저 대신 이 편지를 보내 주시겠습니까?

Would you please mail this letter for me?

우 쥬 플리즈 메일 디스 레러 포 미

3 _ 여기에서 팩스로 메시지를 보낼 수 있습니까?

Can I send a fax message from here?

캔 아이 쎈 더 팩스 메시쥐 프럼 히어

4 _ 호텔에서 제 이메일을 확인할 수 있을까요?

Can I check my e-mail at the hotel?

캔 아이 첵 마이 이메일 앳 더 호텔

5 _ 서울로 국제 전화를 하고 싶습니다.

I'd like to make an international call to Seoul.

아이드 라익 투 메이 컨 인터내셔널 콜 투 서울

▶ 만약에 국제 전화를 대신 걸어 달라고 한다면 Could you put a call through to Korea for me?라고 표현할 수 있습니다.

호텔에서 15

6 _ 서울 전화 번호를 알려 주시겠습니까?

May I have the number in Seoul, please?

메이 아이 헙 더 넘버 인 서울 플리즈

▶ 상대방이 걸고 싶은 장소를 물을 때에는 Where would you like to call to?라고 말하면 됩니다.

7 _ 국제 전화 요금은 얼마입니까?

What are your rates for international calls?

왓 아 유어 러잇츠 포 인터내셔널 콜즈

8 _ 서울로 전화를 하다가 끊겼습니다.

I was cut off during my call to Seoul.

아이 워즈 컷 어프 듀어링 마이 콜 투 서울

▶ Put the call through again, please.라고 하면 '다시 연결해 주세요.'라는 표현이 됩니다.

9 _ 서울을 연결하고 있는 중입니다.

We are trying to reach Seoul.

위 아 트라잉 투 리치 서울

▶ reach는 '~에 도달하다, 닿다'라는 뜻이 있지만 여기에서는 '전화로 연락하다'라는 뜻입니다.

10 _ 방금 신청한 전화를 취소하고 싶습니다.

I'd like to cancel the call I just made.

아이드 라익 투 캔슬 더 콜 아이 저스트 메이드

Part 4 호텔에서 문제 발생

01 호텔 시설에 문제가 있을 때

1 _ 전기가 나갔습니다.

The power is off.
더 파워 이즈 어프

▶ 여기서 off는 형용사로 '(전기나 수도, 가스 등이) 끊긴'의 뜻을 나타냅니다.

2 _ 에어컨이 작동하지 않습니다.

The air-conditioner doesn't work.
디 에어컨디셔너 더즌 워어크

▶ '~이 고장이다'라고 할 때에는 ~ is out of order., 또는 ~ doesn't work.라는 표현을 쓸 수 있습니다.

3 _ 욕실 배수관이 고장났습니다.

The bathroom drain doesn't work.
더 베쓰룸 드레인 더즌 워어크

4 _ 방에 수건이 충분하지 않습니다.

I don't have enough towels in my room.
아이 돈 햅 이너프 타월즈 인 마이 루움

▶ I don't have any hot water.라고 하면 '더운 물이 안 나온다.'는 뜻입니다.

5 _ 화장실 물이 잘 내려가지 않습니다.

The toilet doesn't flush well.

더 토일릿 드즌 플러쉬 웨엘

6 _ 결쇠를 방에다 놓고 문을 잠가 버렸어요.

I'm locked out of the room.

아임 락트 아웃 어브 더 루움

▶ 열쇠를 잃어버렸다면 I lost my key.라고 하면 됩니다.

02 도난과 분실을 했을 때

1 _ 제 가방이 없어졌어요.

My bag is stolen.

마이 백 이즈 스톨른

▶ 가방에 귀중품이 있었다면 My valuables were in it.이라고 말하면 됩니다.

2 _ 카메라가 없어졌습니다.

My camera is missing.

마이 캐머러 이즈 미씽

3 _ 도난 신고를 하려고 합니다.

I'd like to report a theft.

아이드 라익 투 리포 터 쎄프트

Part 5 체크아웃

01 체크아웃을 할 때

1 _ 체크아웃을 하고 싶습니다.

I'd like to check out, please.

아이드 라익 투 첵 아웃 플리즈

▶ 호텔에서 투숙이 끝나 요금을 지불하고 나가는 것을 체크아웃(check-out)이라고 합니다.

2 _ 체크아웃을 하려고 합니다. 계산서를 주세요.

I'm checking out. I'd like my bill.

아임 체킹 아웃 아이드 라익 마이 비일

▶ 계산서를 부탁하는 표현은 I'd like to take care of my bill., Please make out my bill. 등이 있습니다.

3 _ 짐을 내리게 사람을 올려보내 주세요.

Please send someone to bring down my baggage.

플리즈 쎈 썸원 투 브링 다운 마이 배기쥐

4 _ 여행자 수표를 받습니까?

Do you accept traveler's checks?

두 유 액셉트 트레블러즈 체엑스

▶ traveler's check : 여행자용 수표

5 _ 신용카드로 계산해도 됩니까?

Can I pay by credit card?

캔 아이 페이 바이 크레딧 카드

▶ 어떤 신용카드를 받는지 묻는다면 What credit cards do you take?라고 표현하면 됩니다.

02 계산이 틀릴 때

1 _ 총 액수가 맞지 않는 것 같습니다.

I don't think this is the right total.

다이 돈 띵크 디스 이즈 더 라잇 토우틀

▶ total : 합계, 총액

2 _ 계산서에 실수가 있는 것 같습니다.

There's a mistake on the bill.

데어즈 어 미스테이크 온 더 비일

3 _ 이 요금에 대해서 설명을 해 주시겠어요?

Could you explain these charges to me?

크 쥬 익스플레인 디-즈 챠아쥐즈 투 미

4 _ 이 서비스는 받지 않았어요.

I didn't get this service.

다이 디든 겟 디스 써비스

03 체류 기간을 변경할 때

1 _ 가능하다면 이틀 더 머무르고 싶습니다.

I'd like to stay two more days if possible.

아이드 라익 투 스테이 투 모어 데이즈 이프 파서블

2 _ 하루 더 방을 사용해도 됩니까?

Can I keep my room for one more day?

캔 아이 킵 마이 룸 포 원 모어 데이

3 _ 오후 3시까지 체크아웃을 연기해도 되나요?

Could I delay my check-out until 3 p.m.?

쿠드 아이 딜레이 마이 첵 아웃 언틸 쓰리 피엠

▶ delay : 연기하다, 미루다

4 _ 더 머무르기를 원하시면 추가 요금을 내셔야 합니다.

If you want to stay longer, there's an extra charge.

이프 유 원 투 스테이 롱거 데어즈 언 엑스트러 챠아쥐

▶ extra charge : 추가 요금

5 _ 하루 일찍 떠나고 싶습니다.

I'd like to leave a day earlier.

아이드 라익 투 리-브 어 데이 어얼리어

알아 두면 좋은 영단어

⊙ 호텔 관련 단어 - 1

check-in 체크인	입실
check-out 체카웃	퇴실
vacancy 베이컨씨	빈방
room number 룸 넘버	방 번호
baggage cart 배기쥐 카트	짐수레
porter 포러	포터
reception 리셉션	접수
registration card 레쥐스트레이션 카드	숙박 카드
restaurant charge 레스터런트 차쥐	식사 요금
service charge 써비스 차쥐	봉사료
room rate 룸 레잇	숙박 요금
bill 빌	청구서
single room 씽글 룸	1인실
twin room 트윈 룸	2인실
double room 더블 룸	2인실(침대 1개)
triple room 트리플 룸	3인실
suite 스위트	특실

알아 두면 좋은 영단어

⊙ 호텔 관련 단어 - 2

banquet hall 뱅킷 홀	연회장
convention hall 컨벤션 홀	회의장
cloakroom 클로욱룸	휴대품 보관소
dining room 다이닝 룸	식당
bathroom 베쓰 룸	욕실
rest room 레스트 룸	화장실
emergency stairway 이머전씨 스테어웨이	비상 계단
air conditioner 에어 컨디셔너	에어컨
light 라잇	조명
ashtray 애쉬트레이	재떨이
bath towel 베쓰 타월	목욕 수건
bellhop 벨합	벨보이
laundry service 론드리 써비스	세탁 서비스
cleaning 클리닝	세탁
envelope 엔벨로웁	편지 봉투
hot water 핫 워터	온수
maid 메이드	룸메이드

학교 생활

PART 1. 입학
PART 2. 수강 신청과 수업
PART 3. 시험과 성적
PART 4. 도서관과 서점

Part 1 입학

01 학교와 전공 선택

1 _ 어느 학교에 지원하려고 하세요?

What schools are you applying to?
왓 스쿠울즈 아 유 어플라잉 투

▶ 아직 확실하지 않다면 I'm not sure yet.라고 하면 됩니다.

2 _ 전공은 무엇으로 할 거에요?

What major are you going to choose?
왓 메이저 아 유 고잉 투 츄-즈

▶ 전공은 major라고 하고 부전공은 minor라고 합니다.

3 _ 영문학을 전공하고 싶어요.

I want to major in English literature.
아이 원 투 메이저 린 잉글리쉬 리러러춰

▶ '~을 전공하다'라는 말은 major in ~., 또는 specialize in ~.이라는 표현을 쓸 수 있습니다.

4 _ 나는 문학에 아주 관심이 많습니다.

I have a great interest in literature.
아이 해브 어 그레잇 인터러스트 인 리러러춰

▶ have a interest in ~ : ~에 관심이 있다

02 학교에 대한 문의

1 _ 입학에 무슨 서류가 필요합니까?

What documents do I need for admission?
왓 다큐먼츠 두 아이 니잇 포 애드미션

▶ admission : 입학, 들어감을 허락함

2 _ 원서 마감일이 언제입니까?

When is the application deadline?
웬 이즈 더 애플러케이션 데드라인

▶ application : 원서, 신청서   deadline : 마감 시간

3 _ 합격 여부는 언제 알 수 있죠?

When will I know if I've been accepted?
웬 윌 아이 노우 이프 아이브 빈 액셉티드

4 _ 수업료가 얼마입니까?

How much is tuition?
하우 머취 이즈 튜-이션

▶ tuition은 '수업료' 라는 뜻으로 만약 수업료를 내야 하는 시간을 묻는다면 When is tuition due?라고 말하면 됩니다.

5 _ 장학금에 대해 말씀해 주시겠어요?

Can you tell me about the scholarships?
캔 유 텔 미 어바웃 더 스칼러쉽스

03 합격과 불합격

1 _ 한국대학에 입학했습니다.
I was accepted to Hankook University.
아이 워즈 액**셉**티드 투 **한**국 유너**버**서티

2 _ 내가 해냈어요!
I made it!
아이 **메**이드 잇

▶ 어떤 일을 성취하고 나서 '해냈다!' 라는 말은 I made it!, I did it! 등의 표현을 쓰면 됩니다.

3 _ 한국대학에 들어간 것을 축하합니다.
Congratulations on getting into Hankook University.
컨글래츄**레**이션즈 온 **게**링 인투 **한**국 유너**버**서티

4 _ 한국대학에 떨어졌어요.
I got rejected by Hankook University.
아이 갓 리**젝**티드 바이 **한**국 유너**버**서티

▶ reject : 거절하다, 거부하다

5 _ 그 말을 들으니 유감이군요.
I'm sorry to hear that.
아임 **쏘**리 투 **히**어 댓

04 기숙사 문의

1 _ 교내에 기숙사가 있나요?

Is there a dorm on campus?
이즈 데어 러 도옴 온 캠퍼스

▶ dorm은 dormitory의 줄임말로 기숙사를 뜻합니다.

2 _ 한 학기에 기숙사 비용이 얼마인가요?

How much is it per term?
하우 머취 이즈 잇 퍼 터엄

3 _ 그 기숙사는 남녀 공용인가요?

Is the dorm co-ed?
이즈 더 도옴 코우에드

▶ co-ed : 남녀 공용의, 남녀 공학의

4 _ 방은 어떻게 생겼나요?

What is the room like?
왓 이즈 더 룸 라이크

5 _ 기숙사에는 식당이 있나요?

Do you have a cafeteria in your dorm?
두 유 해브 어 캐퍼티어리어 인 유어 도옴

▶ 음식을 쿡 먹을 수 있느냐고 묻는 말은 Can we cook?이라고 하면 됩니다.

Part 2 수강 신청과 수업

01 수강 신청

1 _ 이번 학기에 몇 과목을 신청하셨어요?

How many courses did you take this semester?

하우 매니 코오시스 디 쥬 테익 디스 시메스터

▶ course : 강좌, 교육 과정   semester : 한 학기

2 _ 5과목을 듣고 있습니다.

I'm taking five classes.

아임 테이킹 파이브 클래시스

3 _ 어떤 수업을 등록하셨습니까?

What classes have you enrolled for?

왓 클래시스 해브 유 인로울드 포

▶ enroll for : (이름을) 명부에 올리다, 등록하다

4 _ 몇 학점을 듣고 있나요?

How many credits are you taking?

하우 매니 크레디츠 아 유 테이킹

▶ credit는 '학점'이란 뜻으로 만약 18학점을 수강하고 있다는 말은 I'm taking 18 credits.라고 말하면 됩니다.

02 수업을 시작하기 전에

1 _ 조용히 하세요. 지금 부터 출석을 체크하겠습니다.

Be quiet. I'm taking attendance now.
비 콰이엇 아임 테이킹 어텐던스 나우

▶ take attendance : 출석을 체크하다

2 _ 이름을 브르면 "여기요."라고 말해 주시요.

Say "here" when I call your name.
쎄이 히어 웬 아이 콜 유어 네임

▶ 손을 들라고 한다면 Raise your hand when I call your name. 이라고 하면 됩니다.

3 _ 저 왔습니다.

I'm here.
아임 히어

4 _ 어제는 왜 안 왔어요?

Why were you absent yesterday?
와이 워 유 앱선트 예스터데이

5 _ 수업에 늦지 마세요.

Do not be late.
두 낫 비 러잇

▶ Try to be in class on time.이라고 해도 비슷한 표현입니다.

03 수업을 하면서

1 _ 70페이지를 펴세요.
Open your book to page 70.
오우펀 유어 북 투 페이쥐 쎄번티

▶ Where were we?라고 하면 '어디까지 했나요?'라는 표현이 됩니다.

2 _ 위에서 다섯 번째 줄을 보세요.
Find the fifth line from the top.
파인드 더 핍쓰 라인 프럼 더 타압

▶ 밑에서 다섯 번째 줄을 보라고 한다면 Find the fifth line from the bottom.이라고 하면 됩니다.

3 _ 옆 사람과 떠들지 마세요.
Please don't chat with your neighbor.
플리-즈 돈 챗 위드 유어 네이버

4 _ 질문이 있습니까?
Any questions?
애니 퀘스쳔즈

5 _ 오늘은 여기까지 하죠.
That's all for today.
댓츠 올 포 터데이

04 수업이 끝난 후

1 _ 새로 오신 교수님에 대해 어떻게 생각해요?

What do you think of our new professor?

왓 두 유 띵크 오브 아워 뉴 프러페써

▶ '~는 어떻게 생각해요?' 하고 상대방의 의견을 물을 때에는 What do you think of ~?라는 표현을 쓸 수 있습니다.

2 _ 잘 가르치시는 것 같아요.

I think he teaches well.

아이 띵크 히 티춰즈 웨엘

3 _ 그의 강의는 아주 열의가 넘쳐요.

His lectures are filled with enthusiasm.

히즈 렉춰즈 아 필드 위드 인쑤지애즘

4 _ 정말 못 가르쳐요. 그의 생각을 잘 전해 주지 못하잖아요.

He is really lame. He doesn't offer us his own idea.

히 이즈 리얼리 레임 히 더즌트 오-퍼 어스 히스 오운 아이디어

▶ lame : (설명, 변명 등이) 불충분한, 서투른

5 _ 그의 강의는 지루해요.

His lecture is boring.

히즈 렉춰 이즈 보-링

Part 3 시험과 성적

01 시험을 보기 전에

1 _ 중간고사가 다가오고 있어요.

The midterm is coming up.
더 미드터엄 이즈 커밍 어업

▶ 중간고사는 midterm, 기말고사는 finals로 표현합니다.

2 _ 시험 준비는 잘하고 있어요?

How are you preparing for the test?
하우 아 유 프리페어링 포 더 테스트

▶ prepare for : 준비하다

3 _ 시험 준비를 별로 하지 못했어요.

I haven't done any studying for it.
아이 해븐트 던 애니 스터딩 포 릿

▶ '시험을 망칠 것 같다.'는 I'm afraid I'll screw up.이라고 표현하면 됩니다.

4 _ 최대한 벼락치기를 해야겠어요.

I'm going to have to cram in as much studying as I can.
아임 고잉 투 햅 투 크램 인 애즈 머취 스터딩 애즈 아이 캐앤

▶ cram : (시험 준비의) 벼락 공부

5 _ 밤을 새서 공부했어요.

I stayed up all night studying.

아이 스테이드 업 올 나잇 스터딩

▶ stay up : 자지 않고 있다

02 시험을 보고 나서

1 _ 시험 어땠어요?

How was the exam?

하우 워즈 디 이그재앰

▶ 쉬웠다면 It was easy., 어려웠다면 It was difficult.라고 하면 됩니다.

2 _ 꽤 잘 본 것 같아요.

I think I did pretty well.

아이 띵크 아이 딧 프리티 웨엘

3 _ 이번 시험을 망쳤어요.

I blew the test.

아이 블루우 더 테스트

4 _ 정답을 반도 모르겠어요.

I didn't know half the answer.

아이 디든트 노우 해프 디 앤써

03 시험 성적

1 _ 성적이 어때요?

How were your grades?

하우 워 유어 그레이즈

▶ grade : (학생의) 성적, 평점

2 _ 좋은 성적을 받았어요.

I got a good grade.

아이 갓 어 굳 그레이드

▶ 전부 A를 받았다면 I got straight A's.라는 표현을 쓰면 됩니다.

3 _ 평균 B예요.

I have a B average.

아이 해 버 비 애버리쥐

4 _ 수학에서 낙제했어요.

I flunked math.

아이 플렁크트 매쓰

▶ flunk : (시험 등을) 잡치다, 실패하다

5 _ 나는 더 열심히 공부해야 될 것 같아요.

I think I need to study harder.

아이 띵크 아이 니잇 투 스터디 하-더

Part 4 도서관과 서점

01 책을 빌릴 때

1 _ 이 책들을 대출할 수 있나요?

Can I check these books out?

캔 아이 첵 디-즈 북스 아웃

▶ check out : (도서관에서 책 등을) 대출하다

2 _ 한 번에 몇 권을 빌릴 수 있습니까?

How many books can I check out at a time?

하우 매니 북스 캔 아이 첵 아웃 앳 어 타임

▶ at a time : 단번에, 동시에

3 _ 이건 기한이 언제까지죠?

When are these due?

웬 아 디-즈 듀우

▶ due : 만기가 된, 당연히 치러야 할

4 _ 제 때에 반납하지 않으면 벌금이 있나요?

Is there a fine if not returned on time?

이즈 데어 러 파인 이프 낫 리터언드 온 타임

▶ fine : (도서관의) 연체료, 벌금

02 책을 살 때

1 _ "반지의 제왕"이란 책을 찾고 있습니다.

I'm looking for the "The Lord Of The Rings".

아임 룩킹 포 더 더 로드 오브 더 링즈

2 _ 두 번째 복도, 세 번째 선반, 왼쪽에 있습니다.

It's in the second aisle, third shelf, left hand side.

잇츠 인 더 쎄컨드 아일 써어드 쉘프 렢트핸드 싸이드

3 _ 죄송하지만 다 팔렸습니다.

I'm sorry, but they're sold out.

아임 쏘리 벗 데어 솔드 아웃

▶ be sold out : 매진되다, 품절되다

4 _ 언제 들어올까요?

How soon do you expect it?

하우 수운 두 유 익스펙트 잇

5 _ 주문을 해 놓았습니다. 내일 오세요.

They're on order. Please come back tomorrow.

데어 언 오더 플리즈 컴 백 터마로우

▶ on order : (물품이) 주문 중인

알아 두면 좋은 영단어

⊙ 전공 관련 단어

economics 에커나믹스		경제학
engineering 엔지니어링		공학
education 에듀케이션		교육학
agriculture 애그리컬춰		농학
physics 피직스		물리학
law 로-		법학
sociology 쓰우시알러지		사회학
biology 바이알러지		생물학
botany 바트니		식물학
journalism 저-널리즘		신문학
politics 팔러틱스		정치학
electronics 이렉트라닉스		전자공학
geography 지아그러피		지리학
accounting 어카운팅		회계학
psychology 싸이칼러지		심리학
anthropology 앤뜨러팔러지		인류학
archaeology 아-키알러지		고고학

알아 두면 좋은 영단어

⊙ 문구 관련 단어

pencil 펜설	연필
eraser 이레이저	지우개
ball-pointed pen 볼 포인티드 펜	볼펜
fountain pen 파운튼 펜	만년필
note 노트	노트
book 북	책
ruler 룰-러	자
paper 페이퍼	종이
glue 글루-	풀
colored paper 컬러드 페이퍼	색종이
highlighter 하이라이터	형광펜
paper clip 페이퍼 클립	클립
desk light 데스크 라이트	스탠드
pencil case 펜설 케이스	필통
thumbtack 썸택	압정
drawing paper 드로-잉 페이퍼	제도 용지
stapler 스테이플러	호치키스

17장

직장 생활

PART 1. 일상적인 업무
PART 2. 업무 평가
PART 3. 회의
PART 4. 접대와 방문
PART 5. 상담과 계약
PART 6. 기타 직장 생활

Part 1 일상적인 업무

01 업무 지시와 부탁

1 _ 지금 무슨 일을 하고 있죠?

What are you working on?
왓 아 유 워-킹 온

▶ work on : 일을 계속하다

2 _ 당신이 해야 할 일이 있습니다.

You have work to do
유 해브 워억 투 두

▶ 비슷한 의미의 표현은 I have some work for you to do., There are things you have to do. 등이 있습니다.

3 _ 오늘까지 이 일을 당신이 끝냈으면 합니다.

I need you to have this finished by today.
아이 니잇 유 투 햅 디스 피니쉬트 바이 터데이

4 _ 서류 작성하는 것을 도와 줄래요?

Can you help me with the paperwork?
캔 유 헬프 미 위드 더 페이퍼 워-크

▶ '~하는 것을 도와 줄래요?' 라는 표현은 Can you help me with ~?로 표현할 수 있습니다.

5 _ 이 서류 좀 타이핑 해 주시겠어요?

Could you type these documents?

쿠 쥬 타잎 디-즈 다큐먼츠

6 _ 내 일을 대신 해 주시겠어요?

Could you fill in for me?

쿠 쥬 필 인 포 미

▶ fill in : (구멍이나 빈 곳을) 메우다, ~의 대역을 하다

02 지시나 부탁을 받았을 때

1 _ 제가 처리할게요.

I'll take care of it.

아윌 테익 케어 오브 잇

▶ take care of는 '돌보다' 라는 뜻 외에 '(책임지고) 떠안다, 처리하다' 라는 뜻도 가지고 있습니다.

2 _ 저에게 맡기고 편히 쉬세요.

Leave it to me, and take it easy.

리-브 잇 투 미 앤 테이 킷 이-지

3 _ 언제까지 끝낼까요?

When would you like it finished?

웬 우 쥬 라이킷 피니쉬트

4 _ 너무 바빠서 그 일을 할 시간이 없습니다.

I'm so busy that I don't have time to do it.

아임 쏘우 비지 댓 아이 돈 해브 타임 투 두 잇

▶ so ~ that ~는 '너무 ~해서 ~하다'라는 뜻으로 구어에서는 종종 that이 생략되기도 합니다.

5 _ 저는 지금 할 일이 너무 많습니다.

I have too many things to do now.

아이 햅 투- 매니 띵스 투 두 나우

03 업무 확인

1 _ 그 일은 어떻게 되어 가고 있습니까?

How's the work going?

하우즈 더 워-크 고잉

2 _ 지금 하고 있는 중입니다.

I'm working on it right now.

아임 워-킹 온 잇 라잇 나우

3 _ 이제 막 시작하고 있습니다.

I'm just getting started.

아임 저스트 게링 스타-티드

4 _ 거의 다 끝났습니다.

I'm almost finished.

아임 올모우스트 피니쉬트

5 _ 대략 반 정도 했습니다.

It's about halfway done.

잇츠 어바웃 하-프웨이 더언

▶ 2시간 정도만 하면 된다라는 말은 I've got about two hours to go.라고 말하면 됩니다.

6 _ 언제 끝날까요?

When will it be done?

웬 윌 잇 비 더언

▶ How soon will it be over?라고 해도 비슷한 표현입니다.

7 _ 이번 주 금요일까지 끝내겠습니다.

It'll be done by this Friday.

잇윌 비 던 바이 디스 프라이데이

▶ 여기서 by는 기한을 나타내어 '~까지는'이라는 의미로 쓰였습니다.

8 _ 당신이 이 일을 잘해 주었으면 합니다.

I need you to do a good job on this.

아이 니잇 우 투 두 어 굳 잡 온 디스

▶ do a good job : 훌륭히 임무를 완성하다

04 재촉할 때

1 _ 당신이 내일까지 그 일을 끝냈으면 합니다.
I want you to finish it by tomorrow.
아이 원 츄 투 피니쉬 잇 바이 터마-로우

2 _ 이틀 밖에 시간을 줄 수가 없어요.
I can give you another two days.
아이 캔 깁 유 어나더 투 데이즈

3 _ 늦어도 월요일까지는 그것이 필요합니다.
I have to have it no later than Monday.
아이 햅 투 해브 잇 노 레이러 댄 먼데이

▶ no later than : 늦어도

4 _ 죄송하지만 제 시간에 끝낼 수 없을 것 같습니다.
I'm afraid I won't be able to get it done on time.
아임 어프레이드 아이 원 비 에이블 투 겟 잇 던 온 타임

▶ on time : 시간에 맞게, 정각에

5 _ 최대한 빨리 하고 있는 중입니다.
I'm working as fast as I can.
아임 워어킹 애즈 패스트 애즈 아이 캐앤

▶ as fast as ~ can : 될 수 있는 대로, 최대한 빨리

Part 2 업무 평가

01 보고와 결재

1 _ 보고서 여기 있습니다.

Here's the report.
히어즈 더 리**포**오트

▶ '~에 대한 제 보고서입니다.' 라는 말은 Here's my report on ~.라고 표현할 수 있습니다.

2 _ 여기에 서명을 해 주시겠습니까?

Would you sign here please?
우 쥬 **싸**인 히어 플리-즈

▶ 도장을 찍어 달라고 한다면 Please put your seal here.라고 하면 됩니다.

3 _ 서명하기 전에 먼저 검토해 볼게요.

Let me take a look at it first before I sign it.
렛 미 테이크 어 **룩** 앳 잇 퍼어스트 비포 아이 **싸**인 잇

▶ take a look at : ~을 훑어보다

4 _ 검토해 보고 돌려줄게요.

I'll look it over and get back to you.
아윌 **룩** 잇 오우버 앤 겟 **백** 투 유

02 긍정적으로 평가할 때

1 _ 잘 했어요.

Good job.
굳 자압

▶ Good job.은 You did a good job.의 줄인 표현으로 여기서 job은 '직업'을 뜻하는 말이 아니라 '일, 작업'의 의미를 가지고 있습니다.

2 _ 당신의 보고서는 아주 훌륭합니다.

Your report was almost perfect.
유어 리포옷 워즈 올모우스트 퍼펙트

3 _ 그 일에 아주 만족합니다.

I'm very pleased with the work.
아임 베리 플리-즈드 위드 더 워어크

4 _ 감사합니다. 그 말씀을 들으니 기쁩니다.

Thank you, I'm happy to hear that.
땡 큐 아임 해피 투 히어 댓

5 _ 계속해서 열심히 일해 주세요.

Keep up the good work.
킵 업 더 굳 워어크

▶ keep up : 유지하다, 지속하다

03 부정적으로 평가할 때

1 _ 이 보고서는 만족스럽지 않아요.

I'm displeased with the report.

아임 디스플르-즈드 위드 더 리포오트

2 _ 일 처리가 별로 좋지 않군요.

The work is not good.

더 워어크 ㅇ 즈 낫 구웃

▶ 일한 것이 형편없다면 This is a poor job.이라고 하면 됩니다.

3 _ 당신은 일을 제대로 하지 않는 것 같아요.

You're not doing your job.

유어 낫 두잉 유어 자압

▶ 실수가 잦다면 You make too many mistakes.라는 표현을 쓸 수 있습니다.

4 _ 당신은 좀 분발할 필요가 있습니다.

You need to improve your performance.

유 니잇 투 임프루-브 유어 퍼포-먼스

▶ performance : 성적, 성과

5 _ 죄송합니다. 개선하도록 노력하겠습니다.

I'm sorry, sir. I'll try and improve.

아임 쏘리 써어 아윌 트라이 앤 임프루-브

Part 3 회의

01 회의 시간과 장소

1 _ 회의가 몇 시에 시작합니까?

When does the meeting start?
웬 더즈 더 미-링 스타-트

▶ meeting은 토론이나 결정 등을 목적으로 하는 모임이고 conference는 특정한 문제에 대해 의견을 교환하고 토의하는 모임을 말합니다.

2 _ 회의 시간이 얼마나 될까요?

How long will the meeting last?
하우 로옹 윌 더 미-링 래스트

▶ last가 동사로 쓰이면 '지속하다', 또는 '견디다' 라는 의미로도 쓰입니다.

3 _ 회의 장소는 어디죠?

Where is the meeting held?
웨어 이즈 더 미-링 헬드

▶ hold : (회의 등을) 개최하다, 열다

4 _ 무엇에 때문에 회의를 하는 겁니까?

What's the reason for the meeting?
왓츠 더 리-즌 포 더 미-링

02 회의를 시작할 때

1 _ 여러분, 주목해 주시겠어요?

May I have your attention, please?

머이 아이 해 뷰어 어텐션 플리즈

2 _ 이제 다 모였으니, 회의를 시작합시다.

Now that everyone is here, we can start the meeting.

나우 댓 에브리원 이즈 히어 위 캔 스타앗 더 미링

▶ now that : (이제) ~이니까

3 _ 첫번째 안건은 비용 절감 문제입니다.

The first thing on the agenda is the subject of cost-cutting.

더 퍼스트 띵 언 디 아젠더 이즈 더 써브젝트 오브 코스트 커팅

▶ agenda : 의사 일정, 협의 사항, 의제

4 _ 돌아가면서 이야기해 보시겠어요?

Would you like to go around and speak?

우 쥬 라익 투 고우 어라운드 앤 스피-크

5 _ 누가 먼저 시작할까요?

Who would like to start first?

후 우드 라익 투 스타앗 퍼-스트

03 제안과 질문

1 _ 제가 한 말씀드리겠습니다.

I'll say a few words.
아윌 쎄이 어 퓨- 워어즈

2 _ 제 제안이 어떤가요?

How do you like my proposal?
하우 두 유 라익 마이 프러**포**우절

▶ 상대방의 견해를 물을 때에는 How do you like ~?, What are your feeling on~?, What do you think of ~? 등의 표현을 쓸 수 있습니다.

3 _ 저는 이렇게 생각합니다.

Here's what I think.
히어즈 왓 아이 띵크

4 _ 말씀 중에 죄송하지만 그 문제에 대해 질문이 하나 있습니다.

Sorry to interrupt, but I have a question about that.
쏘리 투 인터럽트 벗 아이 해 버 퀘스천 어바웃 댓

5 _ 좀 더 자세하게 설명해 주시겠어요?

Could you explain more in detail?
쿠 쥬 익스플레인 모어 인 디-테일

04 찬성과 반대

1 _ 여러분들이 어떻게 생각하시는지 듣고 싶습니다.

I'd like to hear what all of you think.

아이드 라익 트 히어 왓 올 오브 유 띵크

2 _ 당신 의견에 동의합니다.

I agree with you.

아이 어그리- 윗 유

▶ '그 점에 대해 동의한다.' 라는 말은 I agree with you on that point.라고 하면 됩니다.

3 _ 받아들이겠습니다.

I can accept that.

아이 캔 액셉트 댓

4 _ 유감스럽게도 당신의 말에 동의할 수 없습니다.

I'm afraid I can't agree with you.

아임 어프레이드 아이 캔트 어그리- 윗 유

▶ 상대방의 의견이나 계획을 반대할 때에는 I disagree., I'm against it. 등의 표현을 쓸 수 있습니다.

5 _ 당신 의견을 지지할 수 없습니다.

I can't support your opinion.

아이 캔트 서프오트 유어 어피니언

Part 4 접대와 방문

01 손님을 맞이할 때

1 _ 뭘 도와드릴까요?

May I help you?

메이 아이 헬 퓨

▶ What can I do for you?라고 해도 비슷한 표현입니다.

2 _ 누구를 찾아오셨나요?

Who would you like to see?

후 우드 유 라익 투 씨이

▶ 무슨 일 때문에 왔는지 묻는다면 Could I ask what this is regarding?으로 말하면 됩니다.

3 _ 그분과 약속을 하셨나요?

Do you have an appointment with him?

두 유 해브 언 어포인먼트 위드 힘

▶ have an appointment with : ~와 약속이 있다

4 _ 잠시 기다려 주세요.

Please wait for a moment.

플리-즈 웨잇 포 러 모우먼트

▶ '여기에 앉아 계세요.' 라고 말한다면 Please have a seat here.라고 말하면 됩니다.

5 _ 그분이 지금 당신을 만날 수 있는지 알아보겠습니다.

I'll check if he can meet with you now.

아윌 첵 이프 히 캔 밋 위드 유 나우

▶ 직접 안내한다면 This way, please., Follow me, please. 등으로 말하면 됩니다.

6 _ 기다리시는 동안 커피 한 잔 드시겠습니까?

Would you like a cup of coffee while you're waiting?

우 쥬 라이 커 컵 오브 커-피 와일 유어 웨이링

02 찾는 사람이 부재 중이거나 바쁠 때

1 _ 죄송합니다. 그분은 지금 자리에 없습니다.

I'm sorry. He's not in at the moment.

아임 쏘리 히즈 낫 인 앳 더 모우먼트

2 _ 지금 다른 손님과 함께 계십니다.

He has another visitor now.

히 해즈 어나더 비지터 나우

3 _ 나중에 다시 오시겠어요?

Would you come back later?

우 쥬 컴 백 레이러

03 거래처를 방문할 때

1 _ 오전 11시에 조단 씨와 약속이 되어 있어서 왔습니다.

I'm here for an 11 a.m. appointment with Mr. Jordan.

아임 히어 포 런 일레븐 에이 엠 어포인먼트 위드 미스터 조든

▶ '~를 만나러 왔습니다.'라는 표현은 I'm here to see ~.로 표현할 수 있습니다.

2 _ 성함이 어떻게 되십니까?

May I have your name, please?

메이 아이 해 뷰어 네임 플리-즈

3 _ 저는 네오북스에서 근무하는 박민수입니다.

My name's Minsu Park from Neobooks.

마이 네임스 민수 파악 프럼 네오북스

4 _ 그에게 제가 왔다고 전해 주시겠어요?

Could you please tell him I'm here?

쿠 쥬 플리-즈 텔 힘 아임 히어

5 _ 제가 안내해 드리겠습니다.

I'll show you the way.

아윌 쇼 유 더 웨이

▶ show : (길이나 장소를) 가리켜 주다

Part 5 상담과 계약

01 제품을 소개할 때

1 _ 우리 회사의 최신 제품을 보여 드리겠습니다.

I'd like to show you our latest product.

아이드 라익 투 쇼 유 아워 레이티스트 프라덕트

▶ latest는 형용사로 '최신의, 최근의' 라는 뜻이 있고 명사로 쓰이면 '최신 유행품, 최신 뉴스' 라는 뜻이 있습니다.

2 _ 카탈로그를 보여 드릴까요?

Would you like for me to show you our catalog?

우 쥬 라익 도 미 투 쇼 유 아워 캐러로-그

3 _ 이 제품은 우리의 최신 기술을 잘 나타내고 있습니다.

This product represents our latest technology.

디스 프라덕트 레프리젠츠 아워 레이티스트 테크날러쥐

▶ represen: : 나타내다, 상징하다

4 _ 이 제품은 품질 면에서 최고입니다.

This product is the best in quality.

디스 프라덕트 이즈 더 베스트 인 쿨러티

▶ quality는 '품질' 이라는 뜻으로 품질이 좋은면 good[high] quality, 품질에 나쁘면 poor[low] quality로 표현합니다.

5 _ 요즘에는 이런 종류의 제품이 잘 판매되고 있습니다.

Nowadays this kind of product has been selling well.

나우어데이즈 디스 카인드 프라덕트 해즈 빈 쎌링 웨엘

6 _ 이 제품은 수요가 아주 많습니다.

This product is in a great demand.

디스 프라덕트 이즈 인 어 그레잇 디맨드

7 _ 저는 이 제품을 자신 있게 추천합니다.

I strongly recommend this product.

아이 스트롱리 레커멘드 디스 프라덕트

02 계약을 할 때

1 _ 계약에 관한 세부적인 사항을 논의하고 싶습니다.

I'd like to discuss the details of the contract.

아이드 라익 투 디스커스 더 디테일스 오브 더 칸트랙트

▶ detail : 세부, 상세

2 _ 우리가 해결해야 할 항목이 몇 개 남았나요?

How many clauses do we have left to resolve?

하우 매니 클로-지즈 두 위 해브 렙 투 리졸브

▶ clause : (조약, 법률의) 조항, 항목

3 _ 이 항목을 다시 한 번 검토해 주시겠습니까?

Could you think over this clause again?

쿠 쥬 띵크 으우버 디스 클로-즈 어게인

4 _ 7번 항목을 재조정하고 싶습니다.

I'd like to renegotiate item 7.

아이드 라익 투 리-니고우쉬에잇 아이텀 쎄븐

▶ renegotiate : (계약, 조약 등을) 재조정하다, 재교섭하다

5 _ 어떤 부분이 아직 합의가 안 됐죠?

Which points do we still differ on?

위치 포인츠 두 위 스틸 디퍼 온

6 _ 당신의 조건들은 받아들 만합니다.

Your terms are acceptable.

유어 터엄즈 가 액셉터블

7 _ 저는 계약 조건에 전적으로 만족합니다.

I'm completely satisfied with the terms of the contract.

아임 컴프리틀리 새리스파이드 윗 더 터엄즈 오브 더 칸트랙트

8 _ 계약을 하고 싶습니다.

I'd like to sign the contract.

아이드 라익 투 싸인 더 칸트랙트

Part 6 기타 직장 생활

01 지각과 결근

1 _ 늦어서 죄송합니다. 늦잠을 잤습니다.

I'm sorry I'm late. I got up late.

아임 쏘리 아임 레잇 아이 갓 업 레잇

▶ 교통 체증 때문에 늦었다면 I got held up in traffic.이라고 말하면 됩니다.

2 _ 다시는 늦지 않도록 하겠습니다.

I won't be late again.

아이 원 비 레잇 어게인

3 _ 죄송하지만 제가 좀 늦을 것 같습니다.

I'm afraid I'll be coming in late.

아임 어프레이드 아윌 비 커밍 인 레잇

▶ 전화상으로 조금 늦겠다고 말할 때 쓸 수 있는 표현입니다.

4 _ 죄송하지만 내일은 일을 할 수 없을 것 같습니다.

I'm really sorry, but I won't be able to work tomorrow.

아임 리얼리 쏘리 벗 아이 원 비 에이블 투 워-크 터마-로우

▶ 몸이 좋지 않아서 병원에 가야 한다면 I have to go to the doctor.라고 말하면 됩니다.

02 조퇴와 퇴근

1 _ 오늘 한 시간 일찍 퇴근해도 될까요?

Could I possibly leave an hour early today?
크드 아이 파써블리 리-브 언 아워 어얼리 터데이

▶ 상대방에서 허락을 구할 때에는 Could I ~?, May I ~?, Is it OK if I ~? 등의 표현을 사용하면 됩니다.

2 _ 치과에 좀 가 봐야 합니다.

The reason is I have to go to the dentist.
더 리-즌 이즈 아이 햅 투 고 투 더 덴티스트

▶ go to the dentist : (치료 받으러) 치과에 가다

3 _ 몸이 정말 아픕니다.

I'm feeling really sick.
아임 필링 리걸리 씨익

4 _ 6시가 됐군요. 그만 일을 끝냅시다.

It's 6:00. Let's finish up!
잇츠 씩스 어클라악 렛츠 피니쉬 어업

▶ finish up : (일을) 끝마치다

5 _ 저는 퇴근합니다. 내일 봐요.

I'm going home. See you tomorrow.
아임 고잉 호움 씨- 유 터마-로우

03 휴가와 병가

1 _ 다음 주에 며칠 간 휴가를 내도 될까요?

Can I take a few days off next week?

캔 아이 테이 커 퓨- 데이스 오-프 넥스트 위-크

▶ day off : 휴일, 비번

2 _ 언제 휴가를 잡을까요?

When can I schedule my vacation?

웬 캔 아이 스케쥬얼 마이 베이케이션

3 _ 8월 달에 2주 동안 휴가를 갔으면 좋겠습니다.

I'd like to take my two-week vacation in August.

아이드 라익 투 테익 마이 투 위크 베이케이션 인 오-거스트

4 _ 내일 하루 쉬고 싶습니다.

I'd like to take tomorrow off.

아이드 라익 투 테익 터마-로우 오-프

5 _ 내일 병가를 내도 될까요?

Would I be able to get sick leave tomorrow?

우드 아이 비 에이블 투 겟 씩 리-브 터마-로우

▶ sick leave : 병가

알아 두면 좋은 영단어

⊙ 직책 관련 단어

President	프레저던트	사장
Vice-president	바이스프레저던트	부사장
Senior Managing Director	씨-니어 매니징 디렉터	전무
Managing Director	매니징 디렉터	상무
Auditor	오-디터	감사
Advisor	애드바이저	고문
General Manager	제너럴 매니저	부장
Director	디렉터	부장
Deputy General Manager	데퓨티 제너럴 매니저	차장
Manager	매니저	과장
Assistant Manager	어씨스턴트 매니저	대리
Chief	취-프	계장
Staff Engineer	스탭 엔지니어	주임기사
Principle Research Engineer	프린서플 리써-취 엔지니어	수스연구원
Senior Research Engineer	씨-니어 리써-취 엔지니어	책은연구원
Secretary	써크러테리	비서
Information officer	인포메이션 아피써	공보관

memo